PASAJES

ACTIVIDADES

Segunda edición

MARY LEE BRETZ
Rutgers University

TRISHA DVORAK
University of Michigan

CARL KIRSCHNER
Rutgers University

Random House   New York

This book was developed for Random House by Eirik Børve, Inc.

Second Edition
9 8 7 6 5 4 3 2

Copyright © 1987 by Random House, Inc.

All rights reserved under International and Pan-American Copyright Conventions. No part of this book may be reproduced in any form or by any means, electronic or mechanical, including photocopying, without permission in writing from the publisher. All inquiries should be addressed to Random House, Inc., 201 East 50th Street, New York, N.Y. 10022. Published in the United States by Random House, Inc., and simultaneously in Canada by Random House of Canada Limited, Toronto.

Library of Congress Cataloging in Publication Data

Bretz, Mary Lee.
   Pasajes, actividades.

   1. Spanish language—Conversation and phrase books. I. Dvorak, Trisha. II. Kirschner, Carl, 1948–   . III. Title.
PC4121.B76   1987   468.3'421   86-26286
ISBN 0-394-35324-2

Manufactured in the United States of America

Text design by James Chadwick
Cover design by Dare Porter
Illustrations by Betty Beeby
Photo research by Judy Mason

Grateful acknowledgment is made for use of the following material: **page 12, 13** A. Mingote: **15** Canon Copiadoras de España, S.A.; **16** Newspaper Enterprise Association, Inc.; **23** A. Mingote;

(Continued on page 194)

Contents

To the Instructor   ix

To the Student   xi

Capítulo 1   Tipos y estereotipos   1

PRIMER PASO   2
    Describir y comentar   2
    Vocabulario para conversar   4

INTERCAMBIOS   5
    El mundo occidental   5
    Estrategias para la comunicación:
       ¡Te toca a ti! *Or, Getting Started*   6
    Describir y comentar   8
    ¿A quiénes reconoce Ud.?   9
    Tipos y estereotipos   11
    Comunicación creativa   14
    Temas para discutir: Más estereotipos   14
    Informes orales   14
    Composición   16

Capítulo 2   La comunidad humana   17

PRIMER PASO   18
    Describir y comentar   18
    Vocabulario para conversar   20

INTERCAMBIOS   21
    Práctica de vocabulario   21
    Estrategias para la comunicación:
       ¿Qué haces...? *Or, Obtaining and Sharing Information*   21
    Relaciones personales   22
    Comunicación creativa   24
    Las relaciones entre los grupos   24
    Temas para discutir: El crisol norteamericano   26

iv CONTENTS

    Informes orales   26
    ¡Debate!   27
    Composición   28

Capítulo 3   La muerte y el mundo del más allá   29

PRIMER PASO   30
    Describir y comentar   30
    Vocabulario para conversar   32

INTERCAMBIOS   33
    Halloween: El Día de los Difuntos   33
    Estrategias para la comunicación:
        Por ejemplo... *Or, Keeping the Conversation Two-way*   33
    La muerte y la reencarnación   35
    Temas para discutir   37
    Caso de conciencia   37
    Comunicación creativa   41
    ¡Debate!   41
    Informes orales   43
    Composición   43

Capítulo 4   La familia   45

PRIMER PASO   46
    Describir y comentar   46
    Vocabulario para conversar   48

INTERCAMBIOS   49
    Estrategias para la comunicación:
        ¿Ud. quiere decir que...? *Or, Double-checking Comprehension*   49
    La comunicación familiar   50
    El mundo de los niños   52
    Comunicación creativa   53
    ¡Debate!   53
    Relaciones familiares   54
    Temas para discutir   59
    Composición   60

Capítulo 5   Geografía, demografía, tecnología   61

PRIMER PASO   62
    Describir y comentar   62
    Vocabulario para conversar   64

INTERCAMBIOS   65
    Las máquinas   65
    Comunicación creativa   66
    El hombre y la máquina   66

Estrategias para la comunicación:
    En mi opinión... *Or, Talking About Facts and Opinions*   68
Temas para discutir: El hombre y la ciencia   69
Temas para discutir: El hombre y el porvenir   70
¡Debate!   72
Composición   73

Capítulo 6   El hombre y la mujer en el mundo actual   75

PRIMER PASO   76
    Describir y comentar   76
    Vocabulario para conversar   78

INTERCAMBIOS   79
    El árbol genealógico   79
    La discriminación social de los sexos   79
    Estrategias para la comunicación:
        ¡Me lo llevo! *Or, Shopping for Clothes*   83
    Informes orales   84
    Comunicación creativa   84
    Temas para discutir   85
    Los medios de comunicación y los papeles sexuales   86
    ¡Debate!   87
    Composición   88

Capítulo 7   El mundo de los negocios   89

PRIMER PASO   90
    Describir y comentar   90
    Vocabulario para conversar   92

INTERCAMBIOS   93
    Trabajadores y consumidores   93
    Comunicación creativa   94
    Temas para discutir   94
    Actividades colectivas   100
    Informes orales   102
    Composición   102

Capítulo 8   Creencias e ideologías   103

PRIMER PASO   104
    Describir y comentar   104
    Vocabulario para conversar   106

INTERCAMBIOS   107
    Estrategias para la comunicación:
        No pude porque... *Or, Offering Explanations*   107
    Votantes y candidatos   108

La guerra y la historia   **110**
Definiciones políticas   **110**
Comunicación creativa   **111**
La conducta política   **112**
Temas para discutir   **114**
¡Debate!   **116**
Composición   **117**

Capítulo 9   Los hispanos en los Estados Unidos   119

PRIMER PASO   **120**
    Describir y comentar   **120**
    Vocabulario para conversar   **122**

INTERCAMBIOS   **123**
    Minorías y mayorías   **123**
    Comunicación creativa   **124**
    Cuotas e inmigrantes   **124**
    El bilingüismo   **127**
    Temas para discutir   **127**
    Situaciones y papeles   **128**
    ¡Debate!   **130**
    Informes orales   **131**
    Composición   **131**

Capítulo 10   Hábitos y dependencias   133

PRIMER PASO   **134**
    Describir y comentar   **134**
    Vocabulario para conversar   **136**

INTERCAMBIOS   **137**
    Manual para estudiantes extranjeros   **137**
    Enviciados y vicios   **137**
    Temas para discutir: El alcohol y el tabaco   **140**
    Comunicación creativa   **141**
    Situaciones y papeles   **141**
    Temas para discutir: Las drogas   **143**
    Estrategias para la comunicación:
      Me siento mal, *Or, Handling Health Problems*   **146**
    ¡Debate!   **147**
    Composición   **148**

Capítulo 11   La ley y la libertad individual   149

PRIMER PASO   **150**
    Describir y comentar   **150**
    Vocabulario para conversar   **152**

INTERCAMBIOS   153
   Crímenes, criminales y víctimas   153
   Los jóvenes y la ley   153
   La prevención del crimen   154
   Comunicación creativa   156
   Temas para discutir   156
   Actividades colectivas   158
   Situaciones y papeles   159
   ¿Es Ud. buen detective? (Parte una)   160
   ¡Debate!   160
   Informes orales   161
   Composición   162
   ¿Es Ud. buen detective? (Parte dos)   162

Capítulo 12   El trabajo y el ocio   163

PRIMER PASO   164
   Describir y comentar   164
   Vocabulario para conversar   166

INTERCAMBIOS   167
   Temas para discutir: Los deportes   167
   Comunicación creativa   168
   El ocio y el trabajo   169
   Estrategias para la comunicación:
      ¿Tiene Ud. una habitación? *Or, Making Travel Arrangements*   171
   Las profesiones   172
   Carreras e individuos   173
   Actividades colectivas   176
   Temas para discutir: La preparación profesional   177
   Situaciones y papeles   179
   ¡Debate!   179
   Composición   180

SPANISH—ENGLISH VOCABULARY   181

To the Instructor

Pasajes: Actividades is designed to increase students' communicative skills by building vocabulary, by reinforcing grammatical mastery, and, most importantly, by stimulating students to *think* about a variety of issues, while providing a format for sharing their ideas with others. Successful communication depends not so much on how *much* students know—how extensive their vocabulary and how perfect their accent—as on how they cope with what they do not know. For this reason, although vocabulary expansion is a goal of each chapter, great emphasis is also placed on helping students to be more resourceful and creative with what they already know.

The exercises in each chapter involve a wide range of communicative skills. Each chapter begins with a section called **Primer paso**, in which the chapter theme is introduced and useful vocabulary is provided to help students comment on the drawings and cartoons. The rest of the activities appear in the section called **Intercambios**; they include exchanges of the question-and-answer, interview, debate, and discussion varieties. As part of the process of increasing their awareness of and sensitivity to language, students are asked in each chapter to consider the meaning and use of certain English expressions, by explaining them to **Luis**, a hypothetical non-English speaker. What does it mean, for example, to "bury the hatchet," to be "grounded," or to call someone a "redneck"? The Instructors' Manual for the *Pasajes* series offers additional hints and suggestions for adapting and implementing the exercises in the classroom.

Major Changes in the Second Edition

- The total number of chapters has been reduced from 14 to 12. One new theme, **El trabajo y el ocio**, has been added.
- The first six chapters and Chapters 8, 10, and 12 include sections called **Estrategias para la comunicación**, which range in topic from general suggestions on how to keep a conversation going to more specific practice in situations that students might experience abroad: buying clothing, getting a hotel room, and so on.
- A number of new cartoons and pieces of realia have been added.

It is not expected that students will be able to do all of the oral activities without grammatical errors. Some of the activities are designed with the awareness that many students do not have the necessary language skills to carry them out in flawless (or even near-flawless) Spanish. The purpose of the activities manual, and of these exercises, is to motivate students to communicate, to become independent of the need for exact English equivalents, and to gain confidence in their ability to get an idea across to an audience. Many of these activities have grown out of classroom experience and experimentation in which it has become apparent that when students *really want* to say something, they do in fact find a way to do so. The goal of *Pasajes: Actividades* is to establish the desire to communicate and to provide a structure that enables students to realize that desire.

To the Student

Welcome to *Pasajes: Actividades*! We hope this book will stimulate you to think about and react to a series of interesting topics as it provides you with useful vocabulary and a framework for sharing your ideas in Spanish.

As its name implies, *Pasajes: Actividades* contains only activities: descriptions, interviews, discussions, debates, role-playing, and so on. Each chapter begins with a **Primer paso** section that introduces the chapter theme and presents useful related vocabulary through the description and discussion of drawings and cartoons. The rest of the chapter, called **Intercambios** (*exchanges*), offers a variety of exercises on which to base thought-provoking and entertaining exchanges among your classmates and your instructor.

Some of the exercises are challenging: they are designed to produce not flawless language, but rather successful communication. As you'll discover, true communication depends more on your personal effort than on any set number of words you know or verbs you can conjugate. To successfully communicate in Spanish you must be *active* (Say what you think, but also find out what other people think), *resourceful* (If you don't know the exact word for what you want to say, what else do you know that will help get the message across?), and *patient* (How long did it take you to learn how to speak English?). Most of all, you must be motivated to share information about yourself and to seek information from others.

We have tried to create exercises and activities that will make that sharing and seeking both feasible and fun. We hope you'll find that the more you work on communicating, the faster your formal language problems will take care of themselves.

CAPITULO UNO

TIPOS Y ESTEREOTIPOS

PRIMER PASO

Describir y comentar

1. ¿Cómo se llaman las cordilleras principales que se ven en los mapas? ¿Cómo se llaman los ríos principales?
2. ¿Cuál es la religión principal de cada país? ¿la lengua principal?

3. ¿Cómo es el clima de cada país?
4. ¿Puede Ud. identificar por lo menos un producto industrial o agrícola de cada país?
5. ¿Dónde hay centros turísticos? ¿Qué atracciones turísticas tiene cada país?

Vocabulario para conversar

la agricultura/la industria *agriculture/industry*
la capital/el gobierno *capital city/government*
el clima/la geografía *climate/geography*
el continente/la isla *continent/island*
la cordillera/la playa *mountain range/beach*
la costa/el interior *coast/interior*
el ecuador/el hemisferio *equator/hemisphere*
el este/el oeste *east/west*
la minería/la ganadería *mining/cattle raising*
montañoso/llano *mountainous/flat*
el norte/el sur *north/south*
el océano/el mar *ocean/sea*
la pesca/la caza *fishing/hunting*
el río/el lago *river/lake*
seco/húmedo *dry/humid*
la selva/el desierto *jungle/desert*

INTERCAMBIOS

El mundo occidental

1. ¿En qué son semejantes geográficamente el oeste de los Estados Unidos y el oeste de Sudamérica? ¿En qué son diferentes geográficamente el oeste y el este de los Estados Unidos? ¿el oeste y el este de Sudamérica?

2. ¿Son diferentes geográficamente el norte y el sur de los Estados Unidos? ¿Hay también diferencias de clima? ¿Qué efecto tienen estos factores en las costumbres de estas regiones? ¿Son igualmente diferentes el norte y el sur de Sudamérica?

3. ¿Qué países de Sudamérica están más industrializados? ¿Cuáles son más agrícolas? ¿Qué países tienen más costa? ¿Qué países no tienen costa?

4. ¿En qué países del mundo occidental es fácil encontrar el famoso «temperamento latino»? ¿Cómo es ese temperamento?

5. Describa los siguientes países. Incluya todos los detalles que pueda.
   a. Inglaterra   c. España   e. Noruega
   b. Suiza   d. Alemania   f. Irlanda

Tablado flamenco, Málaga, España

6. ¿Qué países europeos fueron (*were*) colonizados por los romanos? Hoy día, ¿qué relación hay entre esos países con respecto a su lengua? ¿con respecto a su arquitectura tradicional?

7. ¿Qué países europeos colonizaron (*colonized*) partes de Norteamérica? ¿partes de Sudamérica? ¿partes del Caribe y de la América Central? ¿Qué diferencias hay entre los países de Norteamérica y Sudamérica que puedan entenderse (*be understood*) por la nación colonizadora?

ESTRATEGIAS PARA LA COMUNICACION

¡Te toca a ti!

OR

Getting Started

In a conversation class there are usually only three or four people who are there because they like to speak Spanish and are pretty good at it. Everyone else is probably there because their conversational skills in Spanish are awful. They either stutter and stammer when it's their turn to talk, or they totally freeze up.

Although it may not be obvious, the major difference between these two groups is generally this: students in the first group have mastered a number of "communication strategies" that enable them to get into—and stay in—conversations easily. (That's how they get all the practice necessary for learning how to really speak another language!) Whether you think you are in the first group or in the second, working on communication strategies of this kind is one of the most effective ways of improving your conversational ability. Here are three of the most important of them; you'll learn others throughout *Pasajes: Actividades*.

1. *Relax*. Making mistakes is natural, not stupid. Anyone who has ever studied a foreign language has made mistakes—lots of them!—, so don't waste your time worrying about how to avoid them, or being afraid that other people will think you are dumb. The more relaxed you are, the easier it is to use a foreign language actively.
2. *Think about your message, not about conjugating verbs*. The more involved you are in communicating, the less self-conscious you will be about real or potential mistakes, which, by the way, are generally a lot less damaging to communication than you might think.
3. *Be resourceful*. Remember that there is never just one way to say something. If you run into a snag, back up and go at it from another direction. Try to think of other ways to phrase the message so that the vocabulary and structures you *do* know will be adequate. Use short sentences and look for synonyms. If you need a particular word that you don't have, try defining or describing the concept for the person to whom you are speaking. You can use expressions like the following:

>No sé la palabra, pero es una cosa para...
>Es una persona que...
>Es un lugar donde...
>Es así (*plus appropriate gesture*) de grande/alto/largo.

Practice the preceding communication strategies in these situations.

¡Necesito compañero!

A. You don't know how to express the following English sentences in Spanish exactly as they are in English. How can you restate the message in Spanish words and structures that you do know?

1. I am undecided about my future plans.
2. During the fall semester most morning classes meet three times a week.
3. Dorms are great socially, but they're awful if you're here to get good grades.
4. Most stereotypes are not complete falsehoods and exaggerations; there is usually some partial truth involved.
5. Do you have to have an ID card to check out books?
6. I'm not really capable of expressing this idea in Spanish.
7. Newspapers and magazines as well as many experts are of the opinion that this is a very sticky situation.

B. Can you define or describe the following people, objects, and concepts in Spanish?

1. an eraser
2. a babysitter
3. tubby
4. stuck-up
5. *Nutrasweet*
6. a light bulb
7. messy
8. an electric fan

C. You need to get the following information from a student who does not speak English. How many different ways can you think of to phrase your questions? Use single word questions as well as complete sentences.

1. complete name
2. age
3. what year in studies
4. major
5. local address
6. home address
7. hobbies and areas of interest
8. current or future job prospects

When you and your partner have finished your list of questions, compare your question strategies with those of the rest of the class. Then use your questions to interview a different classmate.

Una pareja «*punk*» española y los padres de la novia. ¿Corresponden a su imagen de «típicos» españoles? ¿Cómo es la imagen que Ud. tiene?

Describir y comentar

1. ¿Qué ropa caracteriza a la gente de este estado? ¿a la gente de un país nórdico? ¿a la gente de un país tropical? ¿de un país latino? ¿Qué ropa está de moda ahora en los Estados Unidos?
2. ¿Qué ropa es característica de la gente joven? ¿de los mayores (*older people*)?
3. ¿Qué características físicas se identifican con los europeos del norte y los europeos del sur? ¿con el típico anglosajón y el típico latino?

¿A quiénes reconoce Ud.?

A. **Personas famosas.** Identifique las siguientes personas famosas del mundo hispano fuera de los Estados Unidos.

_____ 1. Juan Carlos de Borbón
_____ 2. Pablo Neruda
_____ 3. Francisco Franco
_____ 4. Salvador Dalí
_____ 5. Pablo Picasso
_____ 6. Hernán Cortés
_____ 7. José Martí
_____ 8. Salvador Allende
_____ 9. Guillermo Vilas
_____ 10. Isabel la Católica
_____ 11. Eva Perón
_____ 12. Miguel de Cervantes
_____ 13. Simón Bolívar
_____ 14. Miguel de la Madrid
_____ 15. Gabriela Mistral
_____ 16. Pancho Villa
_____ 17. Javier Pérez de Cuéllar

a. reina de España en 1492
b. jugador de tenis
c. autor de *Don Quijote*
d. descubridor de América
e. presidente de México
f. liberador de varios países latinoamericanos
g. conquistador de los aztecas
h. rey de España
i. poeta chileno que ganó (*won*) el Premio Nóbel en 1973
j. pintor surrealista
k. violoncelista español
l. secretario general de las Naciones Unidas
m. importante figura política de la Argentina
n. patriota cubano que quería (*wanted*) la independencia de España
o. dictador de España (1936–1975)
p. pintor español que inventó (*invented*) el cubismo
q. conquistador de los incas
r. bandido mexicano durante la Revolución Mexicana
s. escritora chilena que recibió (*received*) el Premio Nóbel en 1949
t. primer presidente marxista de Sudamérica
u. muralista mexicano
v. guerrillero cubano y amigo de Castro

Hay cinco descripciones que no corresponden a los nombres. ¿Puede Ud. nombrar a la persona descrita (*described*)?

B. **Países y capitales.** Ponga las capitales con sus países.

_____ 1. el Perú	a. Caracas
_____ 2. Bolivia	b. Montevideo
_____ 3. el Paraguay	c. Santiago
_____ 4. Nicaragua	d. la Habana
_____ 5. Puerto Rico	e. Buenos Aires
_____ 6. Venezuela	f. Lima
_____ 7. la Argentina	g. San Juan
_____ 8. Chile	h. Asunción
_____ 9. España	i. Río de Janeiro
_____ 10. Cuba	j. Bogotá
	k. La Paz
	l. Madrid
	m. Managua
	n. Cuzco
	o. Quito

Hay cinco capitales que no corresponden a los países. ¿Puede Ud. nombrar su país?

C. **¡Viajemos!** Imagine que Ud. va a hacer los siguientes viajes en autobús. Identifique los países por los cuales (*through which*) tiene que pasar para llegar a su destino. ¿Qué ropa debe Ud. llevar en cada viaje? ¡No consulte Ud. los mapas en las páginas 2 y 3!

1. Ud. sale de Los Angeles y va a Cuzco.
2. Ud. sale de Cuzco y va a Buenos Aires.
3. Ud. sale de Santiago y va a Caracas.
4. Ud. sale de la Ciudad de México y va a la Ciudad de Panamá.
5. Ud. sale de Montevideo y va a Bogotá.

INTERCAMBIOS **11**

Tipos y estereotipos

A. Describa Ud. los siguientes dibujos con todos los detalles que pueda. ¿Quiénes están en cada dibujo? ¿Cómo son? ¿Dónde están? ¿Qué hacen?

B. Cada uno de los dibujos que Ud. acaba de describir representa la imagen estereotipada de un país o de un grupo de personas. Identifique el país o la nacionalidad de la gente en cada cuadro. Explique el estereotipo.

C. Con frecuencia, tenemos opiniones e imágenes falsas sobre otros lugares y otros grupos de gente. Por ejemplo, muchos neoyorquinos creen que todos los que viven en Nebraska son agricultores. Y, al revés, mucha gente de Nebraska cree que todos los neoyorquinos llevan pistola a causa de los muchos crímenes que se cometen en Nueva York. ¿Cuál es el estereotipo de los siguientes lugares y de sus habitantes?

1. Texas
2. Maine
3. California
4. su estado
5. la Florida
6. un estado vecino (*neighboring*)

Ahora, describa un estereotipo regional a la clase. Sus compañeros deben adivinar (*to guess*) la identidad de la persona que Ud. describe.

D. ¿Qué imagen tenemos los norteamericanos de los siguientes grupos?

1. los atletas
2. los actores y actrices de películas
3. las amas de casa (*housewives*)
4. los miembros de un *fraternity* o *sorority*
5. los estudiantes
6. los políticos

Ahora describa a la clase la imagen estereotipada de un grupo. Sus compañeros deben adivinar el grupo.

E. ¿Cuál es el origen de los estereotipos? Cuando observamos las acciones y costumbres de otro grupo de gente, podemos llegar a unas conclusiones falsas sobre ese grupo. ¿Qué imagen falsa sobre los norteamericanos puede tener una persona de otro país si observa sólo las siguientes costumbres?

1. Los matrimonios norteamericanos en la actualidad (*nowadays*) no quieren tener tantos hijos como los de las generaciones anteriores.
2. La típica familia norteamericana cambia de casa cada 7 años.

EL CABALLERO EN U. S. A.
—**Hemos hecho° una nueva versión al gusto americano.**   Hemos... *We've made*

3. El tamaño (*size*) de los pies de los jóvenes norteamericanos es cada vez más grande.
4. Muchos matrimonios norteamericanos adoptan niños de otros países y de otras razas.
5. En los Estados Unidos más del 50% (por ciento) de las comidas se comen fuera de casa.

También llegamos a conclusiones sobre otros países según los sitios que visitamos. Si vamos solamente a un lugar, nuestra percepción del país va a ser muy limitada... y probablemente falsa. ¿Qué visión estereotipada de los Estados Unidos puede tener un turista si visita solamente estos lugares?

1. Washington, D.C.
2. Missoula, Montana
3. su ciudad natal
4. Las Vegas, Nevada
5. Dallas, Texas
6. Beverly Hills, California

¿En qué sentido van a ser falsas estas impresiones? ¿En qué sentido van a ser verdaderas? ¿Qué otros lugares debe visitar el turista para formarse una imagen más representativa de los Estados Unidos?

F. Mire el anuncio de la página 15. ¿Qué estereotipo revela? ¿Cree Ud. que es ofensiva la forma en que se usa este estereotipo? ¿Por qué sí o por qué no?

G. Mire el dibujo de la página 12. En qué sentido está hecho al gusto norteamericano el cuadro (*picture*) que aparece en el dibujo? ¿Es verdad que todos los estadounidenses llevan armas? ¿Se llevan armas en ciertas par-

PREPARANDO EL TURISMO
—...Y además de las corridas de toros, podemos ofrecer otros espectáculos emocionantes...

¿Qué imagen de los conductores españoles se presenta en este dibujo? En los Estados Unidos, ¿hay estereotipos basados en las costumbres de distintos grupos de conductores? Explique.

tes del país más que en otras? ¿Cuáles son algunos de los motivos por los cuales (*which*) se llevan armas? ¿Suele Ud. llevar armas? ¿Por qué sí o por qué no?

H. Mire la tira cómica (*comic strip*) de la página 16. Describa brevemente la escena que se representa. ¿Quiénes están en el dibujo? ¿Dónde están y qué hacen? ¿Qué estereotipos revela la escena?

Comunicación creativa

Ud. tiene un amigo hispano, Luis, que estudia inglés. Ha oído (*He has heard*) unas frases en inglés que no comprende muy bien. Explíquele en español lo que significan estas frases.

1. Mom, the flag, and apple pie
2. Yankee ingenuity
3. the Frito Bandito
4. Southern hospitality

Temas para discutir: Más estereotipos

1. Se dice que los europeos y los latinoamericanos están más capacitados para aprender lenguas extranjeras que los norteamericanos. ¿Cuál es el origen de este estereotipo? ¿Es válido? ¿Por qué sí o por qué no?

2. Muchos creen que el norteamericano medio (*average*) no sabe mucho—y tampoco tiene interés en saber mucho—sobre la vida y la cultura de los países de habla española. ¿Es verdadero este estereotipo? ¿Qué razones daría Ud. (*would you give*) para convencer al norteamericano medio de que debe aprender más sobre los hispanos?

3. Ya que existen estereotipos sobre todos los grupos humanos—los estudiantes, los profesores, las mujeres, los atletas, los negros, los judíos, los pobres, los ricos, etcétera, —es posible que Ud. haya sido (*have been*) víctima de un estereotipo alguna vez. Describa un estereotipo acerca de un grupo al que Ud. pertenece (*belong*). ¿Por qué existe? ¿Cómo le afecta a Ud. este estereotipo?

Informes orales

1. Con frecuencia, las agencias comerciales usan estereotipos para vender sus productos. Busque un anuncio comercial con un estereotipo y explíquelo a la clase.

2. Prepare un breve informe en español sobre una de las personas de la lista en la página 9 o sobre cualquier otra persona famosa del mundo hispano.

Es cierto, las japonesas se parecen mucho.

Con la NP 200 son iguales.

Copia Nº 1

Copia Nº 3425

(por mucho que se repitan)

El mito de que todas las japonesas se parecen mucho se rompe con CANON, que consigue que con la **NP 200 todas las copias japonesas sean iguales.**

Por muchas copias que haga, la NP 200, gracias a su tambor de Cadmio y el "toner" monocomponente, mantiene en todas las copias la misma nitidez del original.

Y es pequeña (53'2 x 28'9 x 51'5 cms.) pero, sin embargo, consigue copias de hasta un **tamaño A3** (42'0 x 29'7 cms.), con lo que no hace falta montar rompecabezas para tener un gran formato.

Y es muy rápida. Consigue veinte copias (A4) en un minuto, porque a veces el tiempo es muy importante y cuesta dinero si no se aprovecha bien.

CANON posee la mayor red de servicio técnico, que le ofrece una asistencia rápida y constante, para que su copiadora esté siempre a punto.

El precio de la NP 200 es el dato que acaba por convencer a cualquiera.

Copiadora calculadora y camara oficiales en el Campeonato Europeo de Fútbol de 1980

NP 200

Canon
Copiadoras

Llámenos a este teléfono: (91) 253 12 07
y recibirá toda la información que necesite sobre este nuevo modelo y la amplia gama de COPIADORAS CANON.
Canon Copiadoras de España, S.A. Av. Islas Filipinas, 52 - MADRID –3

DEMER 80

CAPITULO 1 TIPOS Y ESTEREOTIPOS

Composición

Ud. tiene dinero para visitar cualquier país del mundo hispano. Explique qué país decide visitar y por qué.

CAPITULO DOS

JOVENES DE CUENCA, ECUADOR

LA COMUNIDAD HUMANA

PRIMER PASO

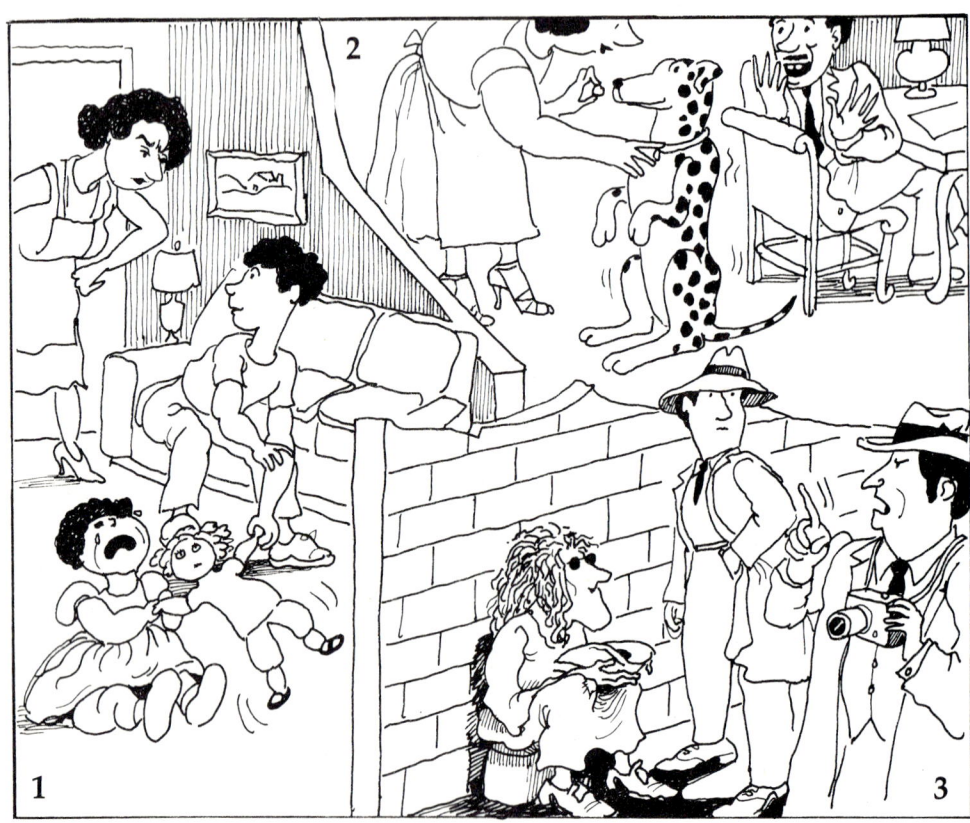

Describir y comentar

1. ¿Qué hace el niño? ¿Cómo reacciona la niña? ¿Qué siente (*feel*) la madre? ¿A quién va a culpar ella? ¿Por qué? ¿Qué les va a decir a los niños?
2. Describa el perro. ¿Qué hace? ¿Por qué hace este truco? ¿Cómo reacciona la mujer? ¿Por qué? ¿Y el hombre?
3. ¿Qué hace la mujer pobre? ¿Por qué lo hace? ¿Qué hacen los dos hombres? ¿Qué siente el hombre con la cámara? ¿Qué siente el otro hombre? ¿Qué le dice el hombre con la cámara al otro? ¿Por qué lleva una cámara el señor?

4. ¿Dónde están estas personas? ¿Qué acaba de hacer el camarero? ¿Cómo se siente en este momento? ¿Qué siente el patrón? ¿Qué le va a hacer al camarero? ¿Qué siente la mujer?
5. ¿Qué hace la pareja en el sofá? ¿Quién es la mujer que entra? ¿Qué va a decir esta mujer? ¿Qué van a contestar los novios?
6. ¿Qué hace el señor? ¿Qué clase de programa mira? ¿Cómo se sabe eso? ¿Qué hace la señora? ¿Qué siente ella? ¿Por qué?

Vocabulario para conversar

Many of the words in the following list are cognates. Can you guess their meaning? In the case of paired words and expressions, sometimes the meaning of a word that you do understand will cue an understanding of its unfamiliar opposite. Look at the words in the context of their "word family" as well.

aceptar	rechazar	orgulloso	avergonzado
la aceptación	el rechazo	preocupado	tranquilo
alabar	criticar	sorprendido	indiferente
amar, querer (ie)	odiar	estimar	despreciar, desdeñar
el amor	el odio	el cariño	el desprecio, el desdén
animar	desanimar	cariñoso	desdeñoso
compasivo	frío, duro de corazón	exonerar	culpar, echar la culpa
comprensivo	incomprensivo	inocente	culpable
conocido	desconocido	integrar	discriminar
construir	destruir	la integración	la discriminación
constructivo	destructivo	la aceptación	el prejuicio
cooperar	competir, luchar	ofrecer, proveer	quitar, privar
cooperativo	destructivo	generoso	tacaño
la cooperación	el conflicto	pedir	dar, ofrecer
la paz	la guerra	premiar	castigar
pacífico	belicoso	el premio	el castigo
pasivo	agresivo	respetar	faltar al respeto
cuidar, proteger	dañar, hacer daño	simpático	antipático
estar contento	estar descontento, triste	tener confianza	tener desconfianza
emocionado	indiferente	seguro de sí	inseguro de sí
interesado	aburrido, desinteresado	temerario	miedoso, temeroso

INTERCAMBIOS

Práctica de vocabulario

¿Cómo son las siguientes personas? Complete las oraciones con la palabra adecuada de la lista que precede a las oraciones.

A. comprensivo   belicoso   cariñoso   generoso
    destructivo   odioso   cooperativo

1. Una persona es _____ cuando comprende los motivos de otra persona.
2. Una persona que trabaja muy bien con los otros es _____.
3. Alguien que besa y abraza mucho a los demás es _____.
4. Los países _____ siempre quieren declarar la guerra contra otros países.

Ahora invente Ud. definiciones para las palabras que sobran (*are left over*).

B. simpático   antipático   culpable   desdeñoso
    pacífico   agresivo   compasivo

1. Alguien que prefiere la paz y rechaza la guerra es _____.
2. Una persona que desprecia a todos es muy _____.
3. En un deporte como el fútbol norteamericano, es necesario ser _____ para ganar (*to win*).
4. Lee Harvey Oswald es _____ de la muerte del presidente Kennedy.

Ahora invente definiciones para las palabras que sobran.

ESTRATEGIAS PARA LA COMUNICACION

¿Qué haces... ?

OR

Obtaining and Sharing Information

Question words (**¿dónde?**, **¿cuándo?**, **¿quién?**, and so forth) are useful for clarifying missed messages *and* for obtaining information from others. As you do the partner exercises in this text, keep the following suggestions in mind.

1. When doing partner exercises, you will generally not need to use subject pronouns in your questions and answers. Use subject pronouns only to emphasize the subject.

   NORMAL USAGE: —¿Qué haces por la mañana?
                    —No hago nada en particular.

   FOR EMPHASIS/CONTRAST: —¿Qué haces por la mañana?
                             —En general yo no hago nada, pero mi compañero de cuarto trabaja en la cafetería.

2. Use the **tú** form of verbs and the informal forms (**tu** or **tus**) of the possessive adjective in questions addressed to your partner, but use third person forms to report information about your partner to the class.

DIRECT QUESTION: ¿Tienes tus clases por la mañana o por la tarde?

REPORTING INFORMATION: Mary tiene sus clases por la tarde porque trabaja por la mañana.

In the preceding example, note that once you have told who the subject is (*Mary*), it is not necessary to use a subject pronoun in subsequent clauses. In this context, **trabaja** can only mean *she works*.

3. The verbs **creer** and **pensar** are useful for reporting what you or someone else thinks about something. Remember to use **que** after them to introduce your opinions.

Roger y yo creemos (pensamos) **que** la respuesta correcta es b.

Practice the preceding communication strategies in these situations.

◘ ¡Necesito compañero! ◘

A. Ud. es consejero radiofónico. Trabaja para WWWW en una ciudad grande y resuelve los problemas que la gente le plantea por teléfono en la radio. Normalmente, cuando alguien le explica un problema, Ud. le hace algunas preguntas concretas para ayudarle a encontrar una solución. Con un compañero, preparen una lista de por lo menos tres preguntas diferentes para cada situación para averiguar más detalles sobre cada problema que se presenta a continuación. Traten de usar todas las palabras interrogativas que puedan.

1. Necesito encontrar un nuevo puesto (trabajo).
2. ¡Mi vida es aburridísima!
3. Creo que debo trasladarme (*to transfer*) a otra universidad.
4. Mi familia interviene (*interferes*) mucho en mi vida.

B. Con otro compañero, hagan los papeles de consejero y radioyente. El consejero debe usar su lista de preguntas para saber los detalles del caso. Añadan otras preguntas durante su entrevista si es necesario. No olviden usar las estrategias para expresar las palabras que no recuerdan o que no saben y para ayudarse mutuamente.

Relaciones personales

A. Complete las oraciones en una forma lógica, dando ejemplos de la acción o el sentimiento que se describe en la primera parte de la oración.

MODELO El hombre de negocios discrimina a la empleada cuando ____.
→ ... no la trata igual que al empleado.

1. Cuando compadecemos a un pobre, ____.
2. Castigamos a un niño cuando ____.
3. Los niños temen a los perros si ____.
4. Los indios luchan contra el gobierno cuando ____.

5. No respeto al político si ____.
6. Tenemos prejuicios contra los otros cuando ____.

B. Aquí hay unos grupos que a veces se oponen en cuanto a (*with regard to*) sus opiniones y reacciones.

las madres y los niños	los ricos y los pobres
Ud. y sus padres	los jóvenes y los mayores
los profesores y Ud.	los blancos y los negros
los ladrones y la policía	los cobardes y los dentistas
el gobierno y los indios	los estudiantes y la universidad

1. ¿Cuál es la opinión que los miembros de estos grupos suelen tener de sus opuestos? Por ejemplo, ¿qué opinan las madres de los niños? ¿Qué opinan los niños de sus madres?
2. De las reacciones y opiniones que Ud. ha dado (*have given*), ¿cuáles reflejan estereotipos?
3. Muchas reacciones personales siguen las normas o reglas que la cultura y la sociedad establecen. A veces no nos damos cuenta de (*we're not aware of*) estas normas hasta que alguien no las sigue—un turista de otra cultura o un niño, por ejemplo. ¿Por qué reaccionamos con sorpresa o con desconcierto (*unease*) si...
   a. un niño le toca el pelo o la ropa a un desconocido?
   b. una persona relativamente desconocida empieza a preguntarnos cuánto dinero tenemos o ganamos?
   c. alguien en un autobús o en el metro nos mira con mucha atención?
   d. en un salón donde hay muchas sillas desocupadas un desconocido se sienta a nuestro lado?

Ha ganado° el primer premio en el baile de disfraces.° Ha... *He won* / *costumes*

4. Ahora, piense otra vez en las reacciones y opiniones que Ud. dio en B.1. ¿Algunas parecen ser más universales que otras? ¿Por qué? ¿Puede Ud. nombrar otras reacciones interpersonales de carácter universal?
5. ¿Cuáles de sus reacciones en 1 parecen reflejar más concretamente la cultura norteamericana? ¿Puede Ud. explicar si son distintas en otra cultura que Ud. conoce?

Comunicación creativa

A. Hay muchas palabras inglesas que proceden de las culturas indígenas de los Estados Unidos. Explíquele en español a su amigo Luis el significado de las siguientes palabras.

1. squaw
2. tepee
3. papoose
4. brave
5. medicine man
6. tomahawk

B. Otras expresiones han adquirido (*have acquired*) un sentido especial en el lenguaje común. ¿Puede Ud. explicarle a Luis el significado de estas expresiones?

1. Indian giver
2. to bury the hatchet
3. to have a powwow
4. to be on the warpath
5. scalping
6. to pass the peace pipe

Las relaciones entre los grupos

A. Se dice que los Estados Unidos es un gran crisol (*melting pot*). ¿Qué significa esta expresión? ¿Qué distintas nacionalidades se encuentran en los Estados Unidos? ¿Qué grupo étnico es el más numeroso en su ciudad? ¿en su estado?

B. En algunas partes de los Estados Unidos, se ve la influencia cultural de un determinado grupo étnico. Nombre Ud. cinco—o más—lugares e identifique el grupo étnico asociado con ese lugar. ¿Influyen estos grupos en su comunidad? Explique.

C. Algunas tradiciones y fiestas que se consideran «norteamericanas» son de origen extranjero. Describa en español las siguientes tradiciones e identifique su país de origen. ¿Sabe Ud. cómo eran en su país de origen?

1. Christmas tree
2. Easter eggs
3. Santa Claus
4. St. Patrick's Day
5. Oktoberfest

D. Hoy día vienen a los Estados Unidos menos inmigrantes que antes, pero los contactos entre los Estados Unidos y otros países siguen siendo (*continue to be*) muy fuertes, especialmente con respecto a la economía. Identifique Ud. los productos asociados con las siguientes compañías extranjeras y su país de origen. ¿Cómo son estos productos en comparación con nuestros productos domésticos?

1. Datsun
2. Volkswagen
3. Sony
4. Kahlúa
5. Cuisinart
6. Heineken
7. Pirelli
8. Nescafé
9. Perrier

E. En español hay muchos chistes o juegos de palabras que se basan en la semejanza entre el sonido de algunas expresiones españolas y el sonido de otra lengua. ¿Puede Ud. identificar la respuesta cómica para cada una de las siguientes preguntas? (Fíjese en particular en la pronunciación.)

1. ¿Cómo se dice «se pegó un tiro» (*he fired a shot*) en árabe?
2. ¿Cómo se llama el Ministro de Transportes Públicos en el Japón?
3. ¿Cómo se dice «está lloviendo» en alemán?
4. ¿Cómo se llama la nueva bicicleta japonesa?

a. ya mi moto no camina
b. ahí va la bala
c. casi moto
d. gotas caen

¿Sabe Ud. otros chistes de este tipo?

Temas para discutir: El crisol norteamericano

A. La incorporación a la cultura norteamericana de fiestas, expresiones y costumbres de otros grupos étnicos proporciona (da) a los Estados Unidos la apariencia de ser un gran crisol. A pesar de esta imagen de cultura mixta, cuando los hispanos visitan grandes ciudades como Nueva York o San Francisco, ven que cada grupo étnico tiene su propio barrio: hay un barrio chino, un barrio italiano, un barrio irlandés, un barrio hispano, etcétera. Los visitantes pueden llegar a la conclusión de que el famoso crisol norteamericano no existe. ¿Qué ejemplos puede Ud. dar que confirman o refutan esta opinión?

B. Desde el principio de su historia, los Estados Unidos ha sido (*has been*) un país de inmigrantes. Ahora el gobierno limita el número de inmigrantes que pueden entrar cada año al país. ¿Por qué establece tales limitaciones el gobierno? Dé las ventajas y desventajas de las limitaciones.

C. Hay mucha gente que entra a los Estados Unidos ilegalmente. ¿Cómo entra y por qué viene? ¿Qué debe hacer el gobierno con estas personas? ¿Cuáles son las ventajas y desventajas de esta inmigración ilegal para las siguientes personas?

1. el jefe (*employer*)
2. el trabajador ilegal
3. el gobierno norteamericano
4. el trabajador norteamericano
5. el gobierno del país de origen de los inmigrantes ilegales
6. la familia del inmigrante

D. ¿Quiénes eran los inmigrantes en el siglo XIX? ¿Quiénes lo son ahora? ¿Dónde vivían los inmigrantes en el siglo pasado y a principios de este siglo? ¿Dónde viven los inmigrantes que llegan hoy en día? ¿En qué trabajaban los inmigrantes del siglo pasado y de los primeros cincuenta años de este siglo? Los inmigrantes de hoy, ¿tienen puestos semejantes? ¿Qué otras diferencias hay entre estos grupos de inmigrantes?

Informes orales

1. Busque información sobre los siguientes términos indios y preséntela a la clase.

    a. Cuauhtémoc
    b. los mayas
    c. los chibcha
    d. Moctezuma
    e. los taínos
    f. los caribes
    g. el quechua
    h. Huayna Capac

2. Prepare una historia étnica de su familia. Hable con sus padres y otros parientes para obtener toda la información que pueda. Al presentar (*When you present*) el informe, puede usar o el presente histórico de los verbos o los tiempos apropiados del pasado.

Un matrimonio indio del Ecuador

¡Debate!

Fórmense tres grupos de cuatro o seis estudiantes para debatir el siguiente tema. La mitad de cada grupo debe preparar los argumentos afirmativos, mientras que la otra mitad prepara los argumentos negativos. Los otros estudiantes de la clase deben preparar preguntas para hacerlas durante el debate.

AFIRMATIVO

Las reservaciones indias deben existir porque allí los indios pueden mantener su identidad como indios: su cultura, su lengua, su modo de vivir, etcétera. Si uno pierde su cultura, ya no existe.

NEGATIVO

Las reservaciones indias no deben existir porque hacen que los indios sean (*are*) «diferentes». Los separan de la cultura norteamericana en general. Si uno quiere progresar, tiene que amoldarse a la cultura general del país en que vive.

Aquí, dos náufragos que piensan en sus circunstancias... y en las corridas de toros. ¿A qué hora lo pasan peor los náufragos? ¿Qué suele pasar a esa hora en su país? ¿Puede Ud. adivinar su origen étnico? Imagine que Ud. está en las mismas circunstancias. ¿Cuál va a ser la peor hora del día? ¿Por qué?

—Cuando se pasa mal aquí es el domingo por la tarde, a la hora de los toros...

Composición

Durante muchos años una tribu de indios vivía en una reservación. El resto de la tierra del estado estaba en manos de los blancos. Los indios descubrieron (*learned*) que, según la ley (*laws*), la tierra les pertenecía a ellos y no a los blancos. Ahora los indios quieren echar a los blancos y recuperar su tierra. Escoja una de las siguientes posibilidades e imagine que Ud. es el individuo descrito (*described*).

1. Ud. es uno de los indios. Quiere escribir al gobierno para exigir la restitución de la tierra. ¿Qué argumentos puede Ud. ofrecer?

2. Ud. es miembro de una familia que vive y trabaja en esta tierra desde hace mucho tiempo (*for a long time*). Quiere escribir a los indios para pedirles que abandonen (*they drop*) sus demandas. ¿Qué argumentos puede Ud. ofrecer?

CAPITULO TRES

UNA DECORACION PARA EL DIA DE LOS DIFUNTOS, OAXACA, MEXICO

LA MUERTE Y EL MUNDO DEL MAS ALLA

PRIMER PASO

Describir y comentar

1. ¿Dónde tiene lugar (*takes place*) la primera escena? En su opinión, ¿qué parentesco (*family relationship*) tiene el difunto con las personas de la sala? ¿Cómo es la sala? ¿Qué hace la gente? ¿Qué emociones se ven?
2. ¿Dónde tiene lugar la segunda escena? ¿Cómo es el lugar? ¿Quiénes están allí? ¿Cómo llegaron allí? ¿Qué hace el cura? ¿Qué cree Ud. que dice la inscripción de la lápida?

3. ¿Dónde tiene lugar la tercera escena? ¿Quién es el hombre que lee? ¿Qué lee? ¿Quiénes son los otros individuos? ¿Qué sentimientos revela la cara de cada uno? ¿Qué parentesco existe entre ellos? ¿Qué va a hacer cada uno después de oír el testamento?

4. ¿Qué clase de casa se ve en la cuarta escena? ¿Qué hay en la casa? ¿Qué lleva la gente que está delante de la casa? ¿Por qué? ¿Por qué quieren visitar esta casa? ¿A Ud. le gusta visitar casas semejantes? ¿Por qué?

Vocabulario para conversar

EL VELORIO
el ataúd *casket*
el cadáver *cadaver*
callado *quiet*
consolar (ue) *to console*
el difunto *dead person*
solemne *solemn*
la vela *candle*
velar *to watch over*
el velorio *vigil for the dead*
yacer *to lie*

EL TESTAMENTO
estar de luto *to be in mourning*
heredar *to inherit*
el heredero *beneficiary of a will*
el luto *mourning*
el testamento *will*

EL CEMENTERIO
el cura/sacerdote *priest*
enterrar (ie) *to bury*
el entierro *burial*
el epitafio *epitaph*
la lápida *tombstone*
sepultar *to bury*
la tumba *tomb*

EL DIA DE LOS MUERTOS
la calabaza *pumpkin*
el diablo *devil*
disfrazar(se) *to disguise (oneself)*
el duende *goblin, spirit*
el esqueleto *skeleton*
el fantasma *ghost*
el hueso *bone*
la momia *mummy*
el murciélago *bat*

INTERCAMBIOS

Halloween: El Día de los Difuntos

Complete las oraciones en una forma lógica.

1. Cuando yo era niño, generalmente me disfrazaba de _____ la noche de *Halloween* porque _____.
2. Tenía miedo de _____ porque _____.
3. A veces me enfermaba (*I would get sick*) porque _____.
4. En mi barrio, había una casa donde _____.
5. Tocábamos los timbres (*doorbells*) y después _____.
6. Una vez cuando no nos dieron dulces, _____.
7. Lo que más me gustaba de *Halloween* era _____ porque _____.
8. El *Halloween* más inolvidable de mi vida ocurrió en _____ cuando _____.
9. Para celebrar *Halloween* el año pasado, mis amigos y yo _____.

◧ ESTRATEGIAS PARA LA COMUNICACION ◨

Por ejemplo...
OR
Keeping the Conversation Two-way

There are many ways to keep a conversation going: by answering questions in a way that adds more information than absolutely necessary; by paraphrasing words or expressions that you don't know exactly how to say in Spanish; and by using personal questions to show interest in your partner. Another important technique is to make sure that the conversation is two-way, so that both you and your partner are active participants in it.

　　Whenever you notice that your partner is having difficulty answering a question that you have asked, try to help out by using one of the following techniques.

1. Phrase your question in another way.

    —¿Vives en una residencia?
    —No comprendo.
    —*Lloyd Hall* es una residencia, *West Quad* es una residencia...
    —Ah, no, no vivo en una residencia. Vivo en un apartamento.
    —¿Dónde estudias por lo general?
    —Mmmmmmm... uh..¿?
    —¿Normalmente estudias en tu apartamento o en la biblioteca?
    —¡Ah! En la biblioteca.

2. Suggest a few possible answers or alternatives.

    —¿Por qué estudias en la biblioteca?
    —Um... es... estoy... está... muy... uh, no sé.
    —¿Hay más silencio? ¿más espacio?
    —Más silencio. Mucho ru... mucho... um...
    —¿Muchas personas hablan en la residencia?
    —Sí, hay mucha música y fiestas y no puedo estudiar allí.

Note that in the preceding example, neither participant remembered the word for *noise* (**ruido**), but the first person kept the conversation going by paraphrasing.

3. Answer your question yourself. This often helps your partner to understand what kind of information you were after.

    —¿Cuál es tu carrera?
    —¿Carrera?
    —Yo estudio ingeniería; mi carrera es la ingeniería. ¿Y tú?
    —Estudio ciencias políticas.
    —¿Por qué decidiste estudiar eso?
    —No comprendo.
    —Por ejemplo, yo estudio ingeniería porque es interesante y porque puedo ganar mucho dinero.
    —Pues, yo quiero ser abogado y pienso que es útil estudiar las ciencias políticas.

Practice the preceding communication strategies in these situations.

◘ **¡Necesito compañero!** ◘ Usando las siguientes preguntas—u otras, si prefiere—como punto de partida (*point of departure*), charle con un compañero de clase. Cada respuesta debe *ir más allá de lo absolutamente necesario*. Cada vez que respondan a una pregunta, traten de agregar otra pregunta o más información. Acuérdense de usar las estrategias (1) para expresar las palabras o expresiones problemáticas y (2) para ayudarse mutuamente si el uno o el otro tiene problemas en expresarse.

1. ¿Cuánto tiempo hace que viste una película muy buena?
2. ¿Recibiste algún regalo interesante o diferente este año?
3. ¿Abandonaste recientemente algún mal hábito?
4. ¿Cuánto tiempo hace que no pierdes ninguna clase?
5. ¿Cuál fue el último viaje que hiciste en avión?
6. ¿Te gusta ir a fiestas de disfraces?

El Día de los Difuntos en un cementerio en Cuzco (Perú).

La muerte y la reencarnación

A. Imagine que Ud. puede determinar el momento y la manera en que va a morir. ¿Cuál de las siguientes maneras escoge Ud. y por qué rechaza (*do you reject*) las otras?

1. Ud. es atropellado (*run over*) por un camión mientras trata de salvarle la vida a un niño.
2. Pisa (*You step on*) el jabón en la ducha, cae y se mata.
3. Sufre un ataque al corazón y muere casi instantáneamente.
4. Está discutiendo violentamente con su padre y muere de un derrame cerebral (*stroke*).
5. Muere mientras duerme, sin despertarse.
6. Muere con el resto de la raza humana en una guerra mundial nuclear.
7. Está en un campo de golf, y le mata una pelota accidentalmente.
8. Muere durante un robo en el que Ud. participa.

B. Ud. está muerto/a y su espíritu vuelve al mundo para ver lo que pasa. Puede observar y escuchar a las personas vivas, pero Ud. es invisible.

1. ¿A quién visita primero? ¿Por qué?
2. ¿Qué dice de Ud. su novio/a? ¿los miembros de su familia? ¿sus profesores? ¿su mejor amigo? ¿su peor enemigo? ¿sus animales domésticos? ¿su jefe (*boss*)? ¿sus vecinos (*neighbors*)?
3. Ahora que Ud. es invisible, puede entrar a cualquier lugar del mundo: la Casa Blanca, la oficina de su jefe, etcétera. ¿En dónde quiere entrar? ¿Por qué? ¿Qué piensa Ud. aprender en cada lugar? ¿Qué uso positivo puede hacer Ud. con lo que aprende? ¿Qué uso negativo?

C. Imagine que es posible la reencarnación del alma. Se puede regresar a la tierra, pero no con la misma identidad que se tenía antes.

1. ¿Va Ud. a regresar o no? Si dice que sí, continúe con la actividad. Si dice que no, justifique su respuesta.
2. ¿Cuál de las siguientes identidades prefiere Ud.? ¿Por qué rechaza las otras? (Puede también inventar otra.)

un perro	un delfín	una tortuga (*turtle*)
una cucaracha	una piedra (*stone*)	un buho (*owl*)
un león	una persona del otro sexo	una rosa
un caballo		
un árbol	una culebra (*snake*)	
un chimpancé	una estrella	

3. Describa su nueva vida.

D. Imagine que Ud. es una de las siguientes personas. Cuente cómo murió Ud. Cuidado con el uso del pretérito y del imperfecto.

1. un soldado
2. una campesina (*peasant*) pobre
3. un empollón
4. una monja (*nun*)
5. un viejo avaro (*old miser*)
6. una pilota
7. un cirujano (*surgeon*)
8. *Sugiera una persona a la clase.*

Temas para discutir

1. ¿Qué cree Ud. que pasa después de la muerte? ¿Desaparecemos por completo o hay una vida en el más allá? Si cree que hay otra vida después de ésta, descríbala.

2. En el futuro es posible que se sepa de antemano (*beforehand*) cómo y cuándo uno va a morir. ¿Quiere Ud. saberlo o no? ¿Por qué sí o por qué no?

3. De las alternativas que se dan aquí, ¿cuál le parece a Ud. la más humanitaria? Justifique su selección.

   - morir en casa o morir en el hospital
   - morir solo o morir rodeado de (*surrounded by*) mucha gente
   - morir drogado o morir consciente pero sufriendo mucho

4. Mire el dibujo de la página 36. ¿Quiénes aparecen en el dibujo? ¿Dónde están? ¿En qué se diferencia el ángel del centro de los demás? ¿Qué significa esta diferencia para él? En su opinión, ¿cómo era este ángel en su vida terrenal?

5. Mire el anuncio de las páginas 38–39. ¿Qué se anuncia? ¿Qué contrastes nota Ud. entre las dos escenas? ¿Qué contrastes quiere señalar el anuncio? ¿qué semejanzas? ¿A qué tipo de persona se dirige este anuncio? ¿Por qué piensa Ud. eso?

6. Mire el anuncio de la página 40. ¿Qué se anuncia? ¿Qué sentimientos quiere provocar este anuncio? ¿A qué tipo de persona se dirige? ¿Por qué piensa Ud. eso?

7. Compare Ud. los dos anuncios sobre los cementerios. En su opinión, ¿sería (*might it be*) posible encontrar anuncios similares en revistas norteamericanas? Explique.

Caso de conciencia

La clase debe dividirse en grupos de tres o cuatro personas. Cada grupo tiene quince minutos para decidir el siguiente caso (página 41) y preparar una defensa de su decisión. Después, todos los grupos deben reunirse para presentar las diferentes decisiones y discutir las diferencias, hasta que la clase llegue a un consenso.

38 CAPITULO 3 LA MUERTE Y EL MUNDO DEL MAS ALLA

Este es un lugar histórico.
Cementerio de La Recoleta.
Creado en 1822. En él descansan siete generaciones
de argentinos cuyos nombres tejen la historia del país.

INTERCAMBIOS **39**

SOARES GACHE DELL'ORO INGOUVILLE & ZIMMERMANN

Este va camino de serlo.

Parque Memorial.
Un lugar en la Naturaleza para una nueva mentalidad.
Creado por la misma clase de gente, un siglo y medio
más tarde, con naturalidad.

Cementerio Parque
Memorial

Acceso Norte Km. 46 (Ramal a Pilar) Oficinas: Lavalle 465 2° p.
Solicite mayor información a los teléfonos:
394-2415, 392-4668

CAPITULO 3 LA MUERTE Y EL MUNDO DEL MAS ALLA

Las decisiones más difíciles de tomar son las que más se agradecen.

Hay responsabilidades que usted debe asumir ahora, para evitarle a su familia un problema futuro, difícil de resolver.

Siempre es difícil hablar de cementerio. No es grato, pero sí inevitable. Por eso ¿no cree que es mejor decidir sobre ello ahora, con calma y tranquilidad y con soluciones a su alcance, que usted mismo puede definir?. Así, mañana su familia, más que comprenderlo, se lo agradecerá.

Si usted está de acuerdo, es natural y muy responsable que piense y tome hoy una decisión acerca del Parque del Recuerdo. De esta forma, tendrá la tranquilidad de saber que no sólo se preocupó por su familia, sino que además les evitará una decisión en un momento difícil y de fuerte emoción.

Hable con nosotros y sienta la satisfacción de haber cumplido bien con esta responsabilidad.

TOME HOY UNA DECISION QUE SU FAMILIA VALORARA MAÑANA.

Infórmese llamando al teléfono 5550000 o bien visítenos en nuestras oficinas de Luis Thayer Ojeda Nº 320, o en el mismo Parque del Recuerdo, Avenida Recoleta Nº 5101.

EL CASO: Ud. es una de las siete personas que están en un barco de náufragos (*shipwrecked people*). El pequeño barco se está hundiendo (*is sinking*) por el peso de tantas personas. La única manera de evitar (*to avoid*) la muerte de todos es arrojar (*to throw*) al mar a dos personas. Del grupo de siete, ¿cuáles son las cinco que merecen sobrevivir?

- Ud.
- un niño de siete años
- una médica de 43 años
- un artista de 35 años
- una banquera de 50 años
- un químico de 65 años que recibió el Premio Nóbel
- un marinero de 22 años

Comunicación creativa

A. En inglés, hay muchas expresiones que usan la palabra *dead* pero que no tienen nada que ver con la muerte. Explíquele a su amigo Luis el significado de las siguientes frases.

1. dead wrong
2. a dead ringer for . . .
3. dead center
4. to be in dead earnest
5. so and so is a dead beat
6. the dead of winter

B. En cambio, muchas frases que sí se relacionan con la muerte y la vejez (*old age*) disfrazan su verdadero significado. Explíquele a Luis lo que significan estas frases.

1. funeral home (parlor)
2. to pass away
3. rest home
4. memorial park

¡Debate!

Fórmense tres grupos de cuatro o seis estudiantes para debatir los siguientes temas. La mitad de cada grupo debe preparar los argumentos afirmativos, mientras la otra mitad prepara los argumentos negativos. Los otros estudiantes de la clase deben preparar preguntas para hacerlas durante los debates.

1. Un hombre está en el puente Golden Gate y va a saltar (*to jump*) para suicidarse. Es la tercera vez que lo intenta.

AFIRMATIVO	NEGATIVO
La policía debe salvarlo porque ____.	La policía no debe salvarlo porque ____.

CAPITULO 3 LA MUERTE Y EL MUNDO DEL MAS ALLA

2. Un niño nace con graves deficiencias psíquicas y físicas que requieren la atención constante de sus padres y de los médicos.

   AFIRMATIVO | NEGATIVO
   Los médicos deben hacer un esfuerzo para salvarlo porque _____. | Los médicos no deben hacer ningún esfuerzo para salvarlo porque _____.

3. Un hombre de 85 años sufre un derrame cerebral. Los médicos quieren saber si deben empezar un tratamiento médico o si deben dejarlo morir.

   AFIRMATIVO | NEGATIVO
   La familia debe pedir ayuda médica porque _____. | La familia no debe pedir ayuda médica porque _____.

4. Una mujer estaba gravemente enferma. Le pidió a su esposo que la ayudara (*to help*) a suicidarse. El hombre lo hizo y después lo acusaron por cometer un crimen.

   AFIRMATIVO | NEGATIVO
   El jurado (*jury*) debe condenarlo porque _____. | El jurado no debe condenarlo porque _____.

5. Con el aumento de la población mundial, no hay bastante tierra para satisfacer las necesidades de la gente. En las Naciones Unidas, se está considerando la obligación de incinerar a los difuntos como una medida (*measure*) para mejorar el aprovechamiento (*utilization*) de la tierra.

   AFIRMATIVO | NEGATIVO
   Debe ser obligatoria la incineración porque _____. | No debe ser obligatoria la incineración porque _____.

—¿Cuál es tu última voluntad?

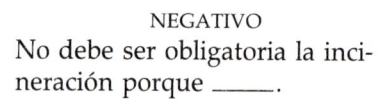

¿Cuál cree Ud. que va a ser la última voluntad del pollo? ¿Cree Ud. que los animales tienen alma? ¿Tienen una vida en el más allá? ¿y las personas? Si Ud. dice que sí, explique cómo cree que va a ser ese mundo.

Informes orales

1. Ud. llega a las puertas del paraíso celestial y encuentra que su nombre no está en la lista de «invitados» que tiene el ángel de la guarda. Llaman a San Pedro para decidir el caso. Convénzalo de que Ud. debe ser admitido, contándole cómo fue su vida y lo que hizo. (No se olvide de usar los tiempos correctos del pasado.) Los miembros de la clase deben hacer el papel (*role*) de San Pedro y decidir su caso.

2. Se dice que en el momento de morir, uno recuerda los momentos más importantes de la vida. Imagine que Ud. está en una situación peligrosísima (*very dangerous*). ¿Qué episodios de su vida va a recordar? Cuénteselos a la clase.

Composición

1. Escriba un breve epitafio (de unas cinco líneas) para su propia lápida. O escriba su propia necrología, siguiendo estos modelos:

Tránsitos

A LA OTRA VIDA

María del Pilar Polak, madre del cómico español Luis Sánchez Polak «Tip», en Madrid, a los noventa años.

José María Gil Robles, político español, en Madrid, a los noventa y dos años.

Dusan Matic, poeta yugoslavo firmante en 1925 del «Manifiesto del Surrealismo», en Belgrado, a los ochenta y dos años.

Fernando López Quesada, cuarenta y siete años, hijo del fundador del banco del mismo apellido, en Las Matas (Madrid), al parecer, disparándose un tiro en la cabeza.

Carlos de Rojas, hijo del Conde de Montarco, crítico de toros, cuarenta y un años, de un infarto, cuando se dirigía a la plaza de las Ventas, en Madrid.

2. Escriba un *ghost story* original o describa un episodio aterrador (*frightening*) que una vez le pasó a Ud.

3. Ud. es reportero/a que va a entrevistar a una persona que dice que murió pero que—gracias a una intervención médica—fue resucitada. Escriba el diálogo de la entrevista que toma lugar entre Ud. y la persona «renacida» (*brought back to life*). Sugerencia: Para comenzar, haga una lista de preguntas sobre la experiencia de la persona. Luego empiece a elaborar las respuestas a cada pregunta. Puede agregar más preguntas si se le ocurren algunas mientras «haga» la entrevista.

CAPITULO CUATRO

ABUELA Y NIETA, SAN JUAN, PUERTO RICO

LA FAMILIA

PRIMER PASO

Describir y comentar

1. Describa la casa norteamericana. ¿En qué parte del país piensa Ud. que se encuentra? ¿Qué hacen los niños? ¿los padres? ¿De dónde vienen los padres? ¿Qué hay en la casa? ¿Hay muchas comodidades modernas?

2. Describa la vivienda hispana. ¿Cómo es la cocina? ¿Dónde está la esposa? ¿Qué hace ella? ¿y el esposo? ¿y los niños?
3. ¿Qué diferencias nota Ud. entre las dos casas? ¿y qué semejanzas? De los individuos y actividades que se ven, ¿cuáles representan estereotipos y cuáles no?

Vocabulario para conversar

el alquiler *rent*
los bienes *possessions*
    los bienes raíces *real estate*
la calefacción *heat*
  cobrar *to charge (money)*
la comodidad *convenience*
el consejero *counselor*
  convivir *to live together*
  criar *to raise (children)*
dar
    ... una bofetada *to slap*
    ... una palmada *to pat*
    ... una patada *to kick*
  disciplinar *to discipline*
la envidia *envy*

golpear *to hit*
los impuestos *taxes*
    ... sobre la renta *income taxes*
mimar *to spoil*
morder (ue) *to bite*
pagar alimentos *to pay alimony*
la propiedad *property*
  pueril *juvenile, childish*
los quehaceres de la casa *(domestic) tasks*
  reñir (i, i) *to argue*
el resentimiento *resentment*
la rivalidad *rivalry*
  volver (ue) a + *inf. to do something again*

INTERCAMBIOS

ESTRATEGIAS PARA LA COMUNICACION

¿Ud. quiere decir que...?

OR

Double-checking Comprehension

Communication sometimes breaks down because the ideas being discussed are complex and lend themselves to more than one possible interpretation. In addition to asking for more information, you can check your understanding in other ways, such as those described below.

Paraphrase what the other person has said, and ask whether that is what he or she meant: **¿Quiere Ud. decir que...?** Paraphrasing lets the person you are talking with know exactly what you have understood.

If you understand the words but not the message, you can indicate this by asking: **¿Qué quiere Ud. decir con eso?** In this way, you make sure that the other person knows that what you need is an explanation, not a repetition.

You can also ask for an example of the point or idea that you don't fully understand: **¿Podría Ud. darme un ejemplo de eso? ¿Como qué, por ejemplo?** This is an excellent strategy to use in reverse as well: when you aren't sure how to express something, try to give an example of what you mean.

Practice the preceding communication strategies—and those from other chapters—in these situations.

A. You have heard the following statements. Paraphrase each of them to express what you think is the main idea.

1. El aprendizaje de una segunda lengua debe ser obligatorio en todas las escuelas de este país.
2. Manifestar los sentimientos es propio de (*most appropriate for*) mujeres.
3. Como resultado de la tecnología hay pérdida (*loss*) o corrupción de los valores humanos. Sólo tenemos que hablar con un científico para saber esto.
4. La actividad criminal es producto de la sociedad, no del individuo.

B. **¡Necesito compañero!** With a classmate, discuss briefly the following topics in Spanish. Try to communicate clearly and to understand fully what the other person is saying. Then write a brief summary in Spanish of your partner's views.

1. No se debe permitir que las chicas jueguen al fútbol americano.
2. Cuando los padres se divorcian, los hijos deben vivir con la madre.
3. Todavía existe mucho sexismo en los Estados Unidos: aún no hemos elegido a una mujer como presidenta o vicepresidenta del país.
4. El hombre sufre a causa de la lucha de la mujer por la igualdad de derechos.
5. Demasiada permisividad es peor (*worse*) para los hijos que demasiada disciplina.

La comunicación familiar

A. **Buenos modales** (*manners*). Pablo es un joven típico. Como todos los jóvenes, tiene que aguantar los comentarios y mandatos de sus padres y de otros parientes sobre su conducta. ¿Qué comentarios y mandatos le da cada miembro de su familia? Conteste, completando las siguientes oraciones de tantas maneras diferentes como sea posible.

MODELO EL HERMANO MENOR: ¡No tienes ninguna paciencia conmigo y además eres demasiado mandón (*bossy*)! →
PABLO: ¡Déjame en paz! ¡No me grites tanto! ¡Sal de mi cuarto!

1. La madre: ¡Si no tienes buenos modales nunca te van a invitar a ningún lado, Pablito!
2. El padre: ¡¿Cómo vas a llegar lejos con estas notas tan desastrosas?!
3. La hermana mayor: ¡Pareces un payaso (*clown*) perdido con esa ropa y ese peinado (*hairdo*).
4. La abuela: ¡Nunca puedes encontrar nada porque tu habitación está hecho un lío (*mess*)!

Ahora invente el comentario que le hacen a Pablo otras dos personas, dejando que sus compañeros de clase inventen los mandatos apropiados.

B. **Estrategias para todos los días.** Los padres siempre les dan consejos a sus hijos para ayudarlos a resolver problemas. ¿Qué consejos típicos dan los padres en las siguientes situaciones?

MODELO Si alguien te pega, te dicen que _____. →
Si alguien te pega, te dicen que devuelvas la bofetada.

1. Si vas a llegar tarde a casa, te piden que _____.
2. Si un desconocido te habla, te dicen que _____.
3. Si alguien te insulta, te sugieren que _____.
4. Si tu hermano menor te molesta, te recomiendan que _____.
5. Si un perro grande te amenaza, te aconsejan que _____.
6. Si vas a entrar en una tienda de porcelanas, te piden (¡por favor!) que _____.
7. Si vas a pasar la noche en casa de un amigo, te mandan que _____.
8. *Invente una situación para la clase.*

C. **Sueños paternales.** Muchos padres quieren que sus hijos acepten sus mismos valores. Por eso, el hijo ideal es muchas veces una versión en pequeño de sus padres. Sin embargo, el verdadero hijo es muchas veces todo lo contrario.

En su opinión, ¿qué quieren que hagan sus hijos—y que no hagan—los siguientes padres?

1. El padre es presidente de un banco; la madre es presidenta de la Asociación de Amas de Casa.
2. El padre es artista profesional; la madre es profesora de biología.
3. El padre es camionero; la madre es secretaria.
4. El padre es ama de casa; la madre es médica.
5. Los padres son granjeros (*farmers*).
6. ¿Los padres de Ud.?

El mundo de los niños

A. **Los niños y los juguetes.** Se dice que los juguetes influyen mucho en la formación de los niños. ¿Qué facetas de la personalidad cree Ud. que los siguientes juguetes van a desarrollar en un niño?

JUGUETES	FACETAS DE PERSONALIDAD
1. las muñecas: Barbie y Ken	la independencia
2. las muñecas: Betsy Wetsy	la fuerza
3. los rompecabezas	la coordinación física
4. la plastilina (*Play-Doh*)	la destreza (*skill*) manual
5. los libros	la curiosidad intelectual
6. las pistolitas	la pasividad
7. los libros para colorear	la agresividad
8. los tebeos (*comic books*)	la dependencia
9. los modelos de aviones, etcétera	la creatividad
10. los soldaditos	la disciplina mental
11. un laboratorio de química	el materialismo
12. una cocina de juguete	la masculinidad/feminidad
13. *Monopoly*	
14. una computadora	
15. una pelota	

Ahora imagine que Ud. es padre (madre). ¿Qué juguetes va Ud. a prohibir que tenga su hijo? ¿su hija? ¿Qué juguetes les va a dar? Explique.

B. **La visión especial de los niños.** Con frecuencia los niños tienen un entendimiento parcial de la realidad. Cuando se encuentran ante una nueva situación, pueden formular explicaciones erróneas al tratar de comprenderla. Describa la interpretación infantil de la realidad que se ve en los siguientes dibujos. ¿Cuál es su origen?

¿Hay otras situaciones en que Ud. o un conocido haya interpretado (*have interpreted*) mal una palabra o frase? Explique.

Comunicación creativa

A. Explíquele a Luis el significado de las siguientes frases.

1. to be grounded
2. allowance
3. to play dress-up
4. babysitter
5. daycare center
6. palimony
7. yard
8. teenager
9. latch-key kids

B. Luis no sabe lo que son los siguientes juguetes. Explíqueselos, diciéndole también cómo se usan.

1. Play-Doh
2. Slinky
3. transformers
4. pogo stick
5. jungle gym
6. Hula-Hoop
7. Cabbage Patch Doll/Garbage Pail Kids

¡Debate!

Fórmense tres grupos de cuatro o seis estudiantes para debatir los siguientes temas. La mitad de cada grupo debe preparar los argumentos afirmativos mientras la otra mitad prepara los argumentos negativos. Los otros estudiantes de la clase deben preparar preguntas para hacerlas durante los debates.

A. **La convivencia y los bienes**

Un joven estudia para ser médico. Su esposa sacrifica su propia educación para trabajar y pagar los gastos de la casa; la educación del esposo se paga por medio de préstamos (*loans*). Un año después de recibirse (*graduating as*) de médico el esposo, los dos se divorcian. La mujer reclama ahora alguna recompensa por su sacrificio y una porción de los ingresos (*earnings*) de su exesposo.

AFIRMATIVO	NEGATIVO
El hombre debe pagar porque ____.	El hombre no debe pagar porque ____.

B. Unos padres «renacidos al cristianismo» se quejan del uso de ciertos libros empleados en la escuela pública a que asisten sus hijos. Dicen que los libros presentan una visión del mundo y de la vida que va en contra de sus creencias. Quieren que la junta educacional (*school board*) revise todos los libros y retire todos los que no sean compatibles con la ideología de los cristianos «renacidos».

AFIRMATIVO	NEGATIVO
La junta debe excluir los libros porque ____.	La junta no debe excluir los libros porque ____.

Relaciones familiares

A. **La división entre las generaciones.** ¿Hay realmente una separación entre las distintas generaciones? Divídanse en grupos de tres o cuatro estudiantes para comentar los siguientes temas. Cada grupo debe señalar la actitud típica de los padres con respecto al tema, la actitud de su propia generación y la actitud más probable de sus hijos. Luego comparen las decisiones de todos los grupos.

1. las relaciones sexuales fuera del matrimonio
2. la conservación de los recursos naturales
3. la homosexualidad
4. las bases de la felicidad
5. las madres que trabajan fuera de casa
6. la disciplina de los hijos
7. el matrimonio interracial
8. las responsabilidades de los padres
9. la libertad de los hijos
10. la educación sobre el sexo
11. la mujer como candidato a la presidencia de EEUU
12. el presupuesto (*budget*) militar
13. el desarrollo de la energía nuclear
14. el aborto

B. **Los problemas familiares: ¿Universales o no?** Entreviste Ud. a algunos de sus parientes mayores para saber los problemas familiares más importantes que había cuando eran jóvenes. Luego, en grupos de tres o cuatro estudiantes, haga una lista de los tres problemas familiares más importantes de la generación anterior—partiendo de sus entrevistas—y de los tres problemas familiares que Uds. creen que son los principales de la generación actual. Cada grupo debe presentar sus conclusiones a la clase.

ENCUESTA SOBRE LA FAMILIA ESPAÑOLA

¿Cómo le ha ido el matrimonio?

Mejor de lo que esperaba	58
Peor de lo que esperaba	5
Mejor en algunas cosas, peor en otras	31
NS/NC	6

¿En términos generales, se considera usted respecto de su pareja...?

Totalmente satisfecho	60
Más satisfecho que insatisfecho	26
Más insatisfecho que satisfecho	0,5
Totalmente insatisfecho	1
NC	12

¿Cómo calificaría usted la actual situación de su matrimonio?

Muy sólido y estable	35
Bastante sólido	25
Normal	27
Poco sólido	1
Muy poco sólido	0,6
NC	12

¿Cuántos años lleva usted casado?

Menos de 3	5
Entre 3 y 5	7
Entre 6 y 10	12
Entre 11 y 20	22
Más de 20	48
NC	6

¿Cuántos hijos tiene usted?

Ninguno	11
Uno	19
Dos	28
Tres y más	39
NC	3

Para usted, que es soltero, fundar una familia sería...

La decisión más importante de su vida	26
Una de las más importantes	46
Una decisión menos importante que otras	14
NS/NC	14

La decisión de fundar una familia ha sido para usted...

La más importante de la vida	64
Una de las más importantes	31
Una decisión menos importante que otras	2
NS/NC	3

De las motivaciones que espera encontrar en la vida familiar, ¿cuál de ellas sería para usted la más importante, y cuáles colocaría en segundo y tercer lugares?

	1°	2°	3°
Tener las mismas aficiones y gustos	28	7	8
Tener al otro como cómplice frente a los demás	4	3	1
Tener niños	24	20	8
Llevarse bien en el plano sexual	8	15	8
Saber que no se envejecerá solo/a	4	8	12
Encontrar seguridad en el plano material	3	9	6
Saber que alguien se ocupa de la tarea de todos los días	2	4	4
Vivir un amor intenso y prolongado	9	9	12
Saber que los hijos tendrían un buen futuro profesional	8	11	18
NS/NC	10	14	23

Padre e hijo, Madrid, España

¿Cuál de las repuestas de la encuesta le parece la más sorprendente? ¿Cuál le parece la menos sorprendente? ¿Cree Ud. que las respuestas serían (*would be*) iguales en los EEUU? Explique.

Haga su propia encuesta en la clase, preguntándoles a sus compañeros cómo responderían (*would answer*) sus padres. Y los de Ud., ¿cómo responderían? Comente las semejanzas y diferencias entre las respuestas de la encuesta y las de los padres de sus compañeros de clase.

C. **Los problemas familiares: Causas y soluciones.** Las siguientes películas tratan el tema de los problemas familiares/generacionales. Resuma brevemente en español el argumento (*plot*) de cada película, incluyendo en su resumen una descripción de los personajes (*characters*) principales y su interpretación del «mensaje» de cada película.

- The Breakfast Club
- Irreconcilable Differences
- The Flamingo Kid
- ¿otro?

En algunos países de Europa se ha discutido la posibilidad de elaborar leyes que permitan «el divorcio» entre un joven y sus padres en caso de graves problemas o insuperables (*insurmountable*) conflictos entre ellos. ¿Qué piensa Ud. de esto? ¿Cree Ud. que un hijo deba tener el derecho de separarse legalmente de sus padres? ¿Por qué sí o por qué no? ¿Cuáles serían (*might be*) las circunstancias que justificarían tal separación? ¿Qué podrían (*could*) ser sus consecuencias?

D. **«Querida Consuelo,...»** Consuelo escribe una columna de consejos para el periódico de su ciudad. Trabajando en grupos de tres o cuatro estudiantes, den la respuesta de Consuelo a las siguientes cartas.

1. «...pronto vamos a hacer un viaje de tres semanas a Europa. Mi esposo no quiere que nos acompañen nuestros cuatro hijos—edades: 5, 7, 12 y 16—porque dice que no les van a interesar los museos ni los lugares históricos y que se van a aburrir mucho. Yo creo que deben conocer otras culturas y otras gentes; además, en Europa hay parques y playas además de museos. ¿Qué me aconseja Ud.? ¿Los llevamos o los dejamos con mi madre?»

2. «...los hijos de mi nuera (*daughter-in-law*) son insoportables. Aunque los quiero mucho—al fin y al cabo son mis nietos—me molesta que no tengan ningún sentido de la responsabilidad ni de sus obligaciones ni deberes. Su madre les hace todo, y cuando le digo que les debe pedir que la ayuden con los quehaceres domésticos, me dice que ella, de niña, odiaba este tipo de trabajo y que no quiere someter a sus hijos a la misma situación. ¿Cómo puedo convencerla de que los niños sí deben compartir el trabajo de casa aunque lo odien?»

E. **Antes de casarse.** Están de moda los acuerdos prematrimoniales que especifican las obligaciones básicas de cada esposo. En grupos de tres o cuatro estudiantes, preparen una lista de diez «mandamientos» para el esposo y para la esposa, incluyendo como mínimo el tratamiento de los siguientes temas.

1. los quehaceres de la casa
2. el uso del tiempo libre
3. el número de hijos y las responsabilidades de su crianza
4. las decisiones económicas
5. la fidelidad conyugal

¿Hay diferencias entre los «mandamientos» de las mujeres y los «mandamientos» de los hombres (o los «mandamientos» escritos por mujeres y los escritos por hombres)? Comenten.

Antes de casarse, la mujer de esta tira cómica y su esposo hicieron un acuerdo prematrimonial... pero de tipo tradicional. ¿Cuáles eran los «mandamientos» de su acuerdo?

F. **Una visita al consejero.** En grupos de tres o cuatro estudiantes, hagan el papel de consejero para resolver los siguientes casos.

CASO 764

EL VIEJO: Mi hija quiere encerrarme (*to lock me up*) en un asilo de ancianos. Su familia no me hace ningún caso y se aprovechan de mí, pero ella nunca me escucha cuando se lo digo. Ellos me han quitado (*have taken away*) el dinero y la dignidad. Ahora quieren quitarme también la libertad.

LA HIJA: Quiero mucho a mi padre, pero también soy esposa y madre, además de hija. No puedo seguir cuidando a papá en casa. Está medio chocho (*senile*) y a veces está totalmente despistado (*disoriented*). Lo pasaría mucho mejor (*he would have a much better time of it*) en un asilo.

CASO 843

LA ESPOSA: Yo estoy harta (*fed up*) de no tener nunca el apoyo de mi marido. Estoy en casa con los hijos todo el santo día y cuando él regresa, a las siete, se sienta a leer el periódico y no me dice ni siquiera una palabra.

EL ESPOSO: Trabajo muchas horas para poder sostener a mi familia. Cuando llego a casa, estoy agotado (*worn out*). Es verdad que no paso mucho tiempo con la familia, pero dentro de dos o tres años tendré (*I will have*) una mayor estabilidad profesional y podré (*I'll be able to*) dedicarles más tiempo.

Temas para discutir

Alternativas al matrimonio

1. ¿Por qué cree Ud. que muchas parejas deciden convivir algún tiempo sin casarse? ¿Qué desventajas puede tener este arreglo? ¿Cree Ud. que es de verdad una aproximación al matrimonio? ¿En qué sentido no lo es?

Describa la conversación que tiene lugar en este dibujo. ¿Quiénes son los dos individuos que hablan? ¿Es cómico el dibujo o triste?

2. En muchos casos los hijos se crían con un solo padre. Comente la actitud de la sociedad ante los siguientes casos, las dificultades que puede experimentar el padre (la madre) y las ventajas o desventajas que pueden tener para el hijo tales situaciones.
   a. Una mujer soltera decide tener un hijo sin casarse.
   b. Una madre adolescente quiere criar a su hijo; no es casada ni ha completado (*has completed*) sus estudios en la secundaria.
   c. Al padre (A la madre) divorciado (divorciada) le dan la custodia del hijo.
   d. Un padre (Una madre) divorciado (divorciada) tiene que compartir la custodia del hijo.
   e. Un viudo (Una viuda) tiene cinco hijos y no piensa volver a casarse.

Personalidad y conducta infantil

1. ¿Qué diferencias de personalidad suele haber (*do there tend to be*) entre un hijo único y otra persona que no lo es? ¿Qué desventajas tiene el hijo único? ¿Qué ventajas? ¿y el de la familia más grande? ¿Conoce Ud. a algunos mellizos (*twins*)? ¿Cómo se diferencian ellos de otros pares de hermanos? ¿Le gustaría (*Would you like*) ser mellizo? ¿Por qué sí o por qué no?
2. ¿Tiene algún efecto en la personalidad de los hijos el orden de nacimiento? ¿Qué características se asocian con el mayor? ¿con el menor? ¿con el de en medio? ¿En qué posición está Ud.? ¿Qué ventajas tuvo? ¿Qué desventajas?
3. ¿Es natural que los hermanos riñan? ¿que tengan peleas? ¿Cree Ud. que las niñas riñen (*quarrel*) menos que los niños? ¿Qué pueden hacer los padres para evitar los conflictos entre sus hijos? ¿Cómo pueden fomentar la cooperación entre ellos?
4. Mire el dibujo de la página 51. ¿Por qué le dice eso el niño a la niña? ¿Qué factores pueden explicar su actitud?

Composición

1. Escriba una escena para una serie cómica de las que se ven en la televisión. En esta serie los esposos cambian sus papeles: la esposa sale a trabajar mientras el esposo se queda en casa para cuidar a los niños y para hacer los quehaceres domésticos.
2. La junta educativa de su comunidad ha votado por incluir un programa obligatorio de educación sexual en todas las escuelas públicas. El programa, que incluye información sobre la homosexualidad, la SIDA (*AIDS*) y las enfermedades venerias, comienza en la escuela primaria y continúa hasta la graduación en la secundaria. Escriba una carta apoyando o criticando esta decisión.

CAPITULO CINCO

GEOGRAFIA, DEMOGRAFIA, TECNOLOGIA

PRIMER PASO

Describir y comentar

1. Explique el uso de los aparatos que se ven en el dibujo y señale (*indicate*) el lugar en el que normalmente se espera encontrarlos. Indique, uno por uno, por qué esos aparatos no deben estar donde aparecen en el dibujo.

2. De los aparatos que se ven en el dibujo, ¿cuáles tiene Ud. en casa? ¿Cuáles quiere tener? ¿Qué aparatos no figuraban en la casa media del siglo pasado? ¿Cuáles no van a estar en la casa del siglo XXI? ¿Por qué?

Vocabulario para conversar

APARATOS

el abrelatas *can opener*
los anticonceptivos *contraceptives*
el aparato eléctrico *appliance*
la aspiradora *vacuum cleaner*
la astronave *rocket ship*
el autómata *robot*
la batidora *beater*
la calculadora *calculator*
la cámara (fotográfica) *camera*
la cinta *tape*
el cohete *rocket*
la computadora *computer*
el control de la natalidad *birth control*
la explosión demográfica *population explosion*
la grabadora/el magnetofón *tape recorder*

la heladora/el congelador *freezer*
el horno *oven*
la lavadora *washing machine*
la licuadora *blender*
la máquina...
　de afeitar *shaver*
　de coser *sewing machine*
　de escribir *typewriter*
la nevera/la refrigeradora/el refrigerador *refrigerator*
la probeta *test tube*
el/la radio *radio*
el secador *hair dryer*
la secadora *clothes dryer*
la televisión *television (program)*
el televisor *television set*
la tostadora/el tostador *toaster*

ACCIONES

apagar *to turn off*
calentar (ie) *to heat (up)*
(des)conectar *to (dis)connect*
desenchufar *to unplug*
encender (ie) *to turn on (appliances)*

enchufar *to plug in*
meter *to put in*
poner *to turn on*
sacar *to take out*

INTERCAMBIOS

Las máquinas

A. Indique los aparatos que se utilizan para hacer lo siguiente.

1. lavar la ropa
2. hacer una grabación (*recording*)
3. escribir un libro
4. preparar una comida
5. sacar una foto
6. lavar los platos

Ahora, usando mandatos, dé instrucciones para el uso de las máquinas nombradas.

B. Imagine que se acaba de descubrir que los siguientes aparatos pueden ser peligrosos (*dangerous*) para la salud. ¿Cómo va Ud. a realizar la acción propia del aparato sin usarlo?

1. la aspiradora
2. el horno
3. el secador
4. la batidora

C. Pronto va a ser su cumpleaños. Sus padres le dieron una lista de posibles regalos y Ud. tiene que decidir cuáles quiere recibir y cuáles no. Seleccione Ud. sus regalos, explicando a sus padres el por qué de cada decisión.

MODELO   una radio →
   Quiero que me den una radio porque me gusta mucho la música y me ayuda a estudiar.

1. una máquina de afeitar
2. un televisor en color
3. una cámara
4. una calculadora
5. un autómata
6. un abrelatas
7. una manta (*blanket*) eléctrica
8. un cepillo de dientes (*toothbrush*) eléctrico

EPSON

LA MEJOR IMPRESORA PARA SU COMPUTADOR

- De cada dos impresoras que se venden en el mundo una es EPSON.
- El 70% de las impresoras conectadas a microcomputadores en USA son EPSON.
- EPSON fue el creador de la cabeza de impresión desechable.
- Las impresoras EPSON pueden conectarse a cualquier computador.
- EPSON cuenta con el mejor servicio técnico en Chile

Desde US 580 + IVA

ASICOM S.A.
Las Violetas 2099 Fono 2257554

D. Ante la sorpresa de todos, un antepasado suyo del siglo XVIII resucita y se encuentra en el mundo actual. Explíquele las siguientes invenciones, diciéndole para qué y cómo se usan.

1. la bombilla (*light bulb*) eléctrica
2. el teléfono
3. el estéreo
4. el refrigerador
5. la máquina de coser

Comunicación creativa

A. Tanto en inglés como en español, el nombre de muchos aparatos es la suma de una forma del verbo que expresa la acción realizada por el aparato y el sustantivo que recibe esa acción verbal. En inglés el orden es: sustantivo + verbo → *can opener*. En español el orden es al revés: verbo + sustantivo → **abrelatas**. Generalmente estas palabras compuestas (*compound*) son masculinas.

1. Identifique en inglés los siguientes objetos y explique en español lo que hacen.
   a. el cortacésped
   b. el matamoscas
   c. el espantapájaros
   d. el sacacorchos
   e. el sacapuntas
   f. el paraguas

2. Exprese estas palabras en español. Entre paréntesis tiene los términos indispensables para formar la palabra.
   a. skyscraper (**rascar: el cielo**)
   b. backscratcher (**rascar: la espalda**)
   c. snowblower (**quitar: la nieve**)
   d. paper cutter (**cortar: el papel**)

B. Aparecen nuevos inventos todos los años. Explíquele a Luis el uso de los siguientes inventos.

1. a video cassette recorder
2. a garage door opener
3. an answering machine
4. an electric eraser
5. a hot tub
6. a smoke detector

El hombre y la máquina

A. **Una máquina para todos**. Se acaba de inventar una máquina maravillosa que puede adaptarse a los usos de cualquier cliente. ¿Qué usos tiene para la máquina cada una de las siguientes personas o animales?

MODELO un matemático →
   Un matemático quiere que la máquina le ayude a resolver los problemas matemáticos.

1. un profesor
2. una madre
3. un niño pequeño
4. un perro
5. un dentista
6. una secretaria
7. *Sugiera un individuo a la clase.*

B. **Los inventos**. Ud. trabaja en una oficina de patentes, en la que se reciben muchas solicitudes para patentar nuevos inventos. Examine los siguientes diseños e identifique la función de los aparatos. ¿Son útiles todos los inventos?

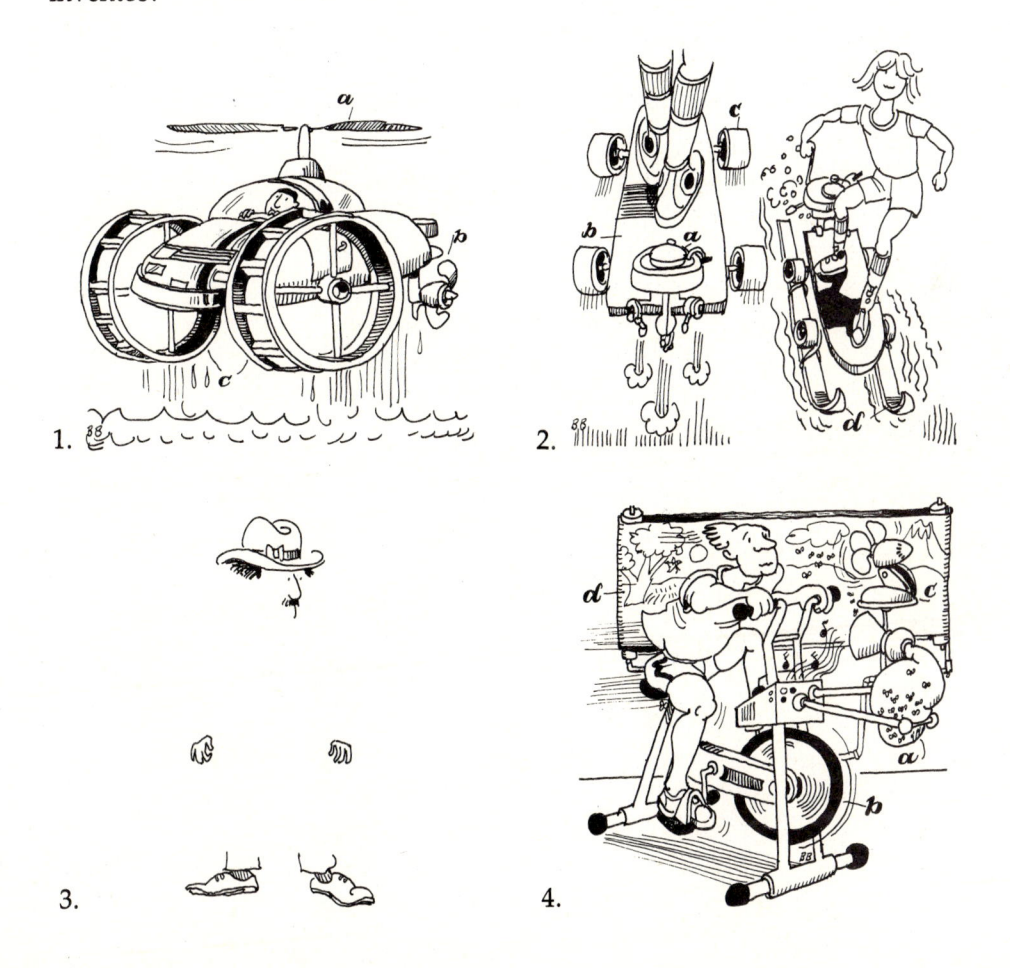

C. Mire el dibujo de la página 67. ¿Qué hace el autómata? ¿Quién es el «señor»? ¿Es discriminatorio el dibujo respecto al sexo? ¿Por qué sí o por qué no? ¿Representa algunos estereotipos? Explique.

D. Mire el dibujo de la página 72. ¿Quiénes hablan? ¿Dónde están? ¿De qué hablan cuando dicen «Esto para nosotros... Esto para vosotros...»? En su opinión, ¿expresa sentimientos positivos o negativos el dibujo?

E. Algunas invenciones recientes no son muy útiles. En su opinión, ¿qué invención moderna es superflua? ¿Qué invento de este siglo ha tenido (*has had*) el mayor impacto en la vida del hombre? Explique sus respuestas.

◪ ESTRATEGIAS PARA LA COMUNICACION ◪

En mi opinión

OR

Talking about Facts and Opinions

We usually think of facts as objective, impersonal information based on concrete data. We think of opinions as being more subjective or judgmental: our own personal view of a particular situation. This difference can be seen in the way we communicate facts and opinions. We present facts in short statements; we introduce opinions with phrases such as "I believe" or "I think."

Juan tiene un libro en la mano.	*John has a book in his hand.*
Creo que Juan es un hombre simpático.	*I think that John is a nice man.*

On the other hand, when we are not sure of our facts, we may introduce them with phrases such as "I think," and we often present opinions as if they were facts accepted by everyone.

Creo que Juan tiene un libro en la mano.	I think that John has a book in his hand.
Juan es un hombre simpático.	John is a nice man.

Here are some ways to introduce facts and opinions in Spanish.

FACTS

Como (bien) se sabe,...	As is (well) known,...
Está claro que...	It is clear that...
Es un hecho que...	It is a fact that...

OPINIONS

En mi opinión...	In my opinion...
A mi parecer...	
Según lo veo yo,...	As I see it,...

Practice the preceding communication strategies—and those from other chapters—in these situations.

A. Usando algunas de las expresiones anteriores, formule una oración «objetiva» y otra muy subjetiva acerca de cada uno de los siguientes temas.

1. los presidentes republicanos
2. el crimen y la pobreza en las ciudades grandes
3. la competencia por las notas en las universidades
4. el sistema de notas *pass-fail*
5. la energía nuclear

B. ◘ ¡Necesito compañero! ◘ Con un compañero de clase, haga y conteste preguntas para averiguar sus opiniones personales con respecto a las siguientes afirmaciones.

1. El hambre es el resultado inevitable de la sobrepoblación.
2. Dos personas de distinta religión no debieran (*should not*) casarse.
3. Para graduarse en la universidad cada estudiante debe presentarse a unos exámenes comprensivos.
4. El presidente debe tener poder absoluto de declarar la guerra a otro país.
5. La educación universitaria debe ser gratis, es decir, debe ser un derecho para todo el mundo.

Temas para discutir: El hombre y la ciencia

1. Hoy en día muchas personas se someten a operaciones de cirugía plástica. ¿Qué razones puede tener una persona para desear este tipo de operación? ¿Por qué dicen algunos que la cirugía plástica es una frivolidad? ¿Qué tipos de cirugía plástica cree Ud. que son necesarios? ¿Qué tipos son innecesarios? ¿Por qué?

2. Las máquinas traen ventajas y desventajas. Describa un efecto positivo y otro negativo que la mecanización ha tenido (*has had*) para los siguientes individuos y casos.

a. los obreros (*blue-collar workers*)
b. los políticos
c. la comida
d. las relaciones humanas
e. las amas de casa
f. los médicos
g. los pacientes
h. los estudiantes
i. los consumidores
j. los viajes
k. la educación

3. Hoy en día, se habla con frecuencia de las consecuencias de la invención de la televisión. Algunos la condenan mientras otros creen que trae efectos positivos. Mire las dos tiras cómicas a continuación. ¿Qué pasa en cada una? ¿Cuál es el punto de vista del caricaturista (*cartoonist*) sobre la televisión? ¿Está Ud. de acuerdo? ¿Por qué sí o por qué no?

4. Una consecuencia de la popularidad de las calculadoras es que los niños aprenden a usarlas en vez de aprender a hacer las operaciones matemáticas. ¿Qué opina Ud. de esta costumbre? ¿Qué consecuencias positivas puede tener este cambio? ¿Qué consecuencias negativas puede tener? ¿Qué otros efectos—buenos y malos—ha tenido (*has had*) en la vida de los niños la mecanización del mundo de hoy?

Temas para discutir: El hombre y el porvenir

1. Imagine que hay una máquina que nos puede transportar a una época del futuro. ¿En qué época quiere Ud. aparecer? Describa los cambios que Ud. cree que va a encontrar. ¿Qué es lo más chocante (*shocking*)?

Transmisión de radio, Santo Domingo, República Dominicana

2. Se supone que en el futuro la gente va a trabajar menos y a divertirse más. ¿Cómo va a ser la semana normal del obrero del futuro? Describa su horario, comentando el número de días que trabaja, el tiempo que pasa viajando al trabajo, sus comidas y bebidas, etcétera.

3. Ahora que los índices de natalidad y mortalidad han bajado (*have gone down*) en EEUU, el número de jóvenes es menor que el de individuos que tienen más de cuarenta años. ¿Qué efecto va a tener este cambio en los siguientes aspectos de la vida?

   a. el empleo y el desempleo
   b. el ideal de belleza (*beauty*)
   c. las prioridades de las organizaciones federales
   d. la educación
   e. la propaganda (*advertising*) comercial
   f. los productos de mayor venta (*best-selling*)

4. La ingeniería genética es la ciencia que se va a dedicar a la creación de los futuros seres humanos. Imagine que Ud. es un ingeniero genético del siglo XXII. Tiene que seleccionar las características físicas y psicológicas humanas que quiere conservar y las que quiere eliminar. Después de dar su respuesta, justifíquela.

¡Debate!

Fórmense tres grupos de cuatro o seis estudiantes para debatir los siguientes temas. La mitad de cada grupo debe preparar los argumentos afirmativos, mientras la otra mitad prepara los argumentos negativos. Los otros estudiantes de la clase deben preparar preguntas para hacerlas durante los debates.

A. **El futuro de la raza humana**

AFIRMATIVO
La ingeniería genética puede ser muy beneficiosa para la raza humana porque…

NEGATIVO
La ingeniería genética puede ser muy peligrosa para la raza humana porque…

B. **La conservación de la energía**. A causa de la crisis de energía, el gobierno decide que no debe de usarse ningún aparato eléctrico a menos que (*unless*) sea absolutamente necesario. Haga el papel de uno de los siguientes individuos durante el debate: un maestro de una escuela primaria, una madre, un reportero, un comerciante.

AFIRMATIVO	NEGATIVO
Estoy a favor de la telvisión porque ____.	Estoy en contra de la televisión porque ____.

C. **La ciencia avanza...** Los nuevos descubrimientos científicos pueden tener aplicaciones positivas y negativas. Imagine que Ud. y sus compañeros de clase son científicos y que tienen que decidir si van a participar en ciertas investigaciones.

AFIRMATIVO	NEGATIVO
Es bueno (necesario, importante) que apoyemos ____ porque...	Es mejor que prohibamos (controlemos, eliminemos) ____ porque...

1. la energía nuclear
2. el control de la natalidad
3. la experimentación con animales
4. la creación de vida en un laboratorio
5. la exploración del espacio

Composición

1. Ud. acaba de inventar algo que en su opinión va a cambiar la historia de la raza humana. Describa su invención y explique por qué va a tener tal efecto.

Las computadoras son una maravilla de la tecnología, ¿verdad? ¿Qué hacen los obreros? ¿Por qué lo hacen? ¿Puede Ud. identificar la estatua? ¿Cree Ud. que las computadoras van a reemplazar a las personas? Hoy día, ¿hay computadoras que sean más inteligentes que los seres (*beings*) humanos? En su opinión, ¿cuáles son las posibilidades más interesantes con respecto a las computadoras? ¿Por qué?

2. Ud. forma parte de un grupo de treinta arqueólogos del siglo XXX que descubren restos (*remains*) de la cultura norteamericana del siglo XX. Uds. tratan de reconstruir aquella civilización usando estos restos, que incluyen—entre otras cosas—unos lentes de contacto (*contact lenses*), un frenillo (*retainer brace*), un gorro tipo *Mickey Mouse* y varios libros sobre la perrita *Lassie*. Escriba el informe de los arqueólogos describiendo las características de la civilización desaparecida.

Dicen que la necesidad es madre de la inventiva. Explique el dilema que se presenta en esta tira cómica y la solución que inventa la niña. ¿Qué opina Ud. de su solución? ¿Tiene Ud. otra?

CAPITULO SEIS

FILMADORA DE PELICULAS, BARCELONA, ESPAÑA

EL HOMBRE Y LA MUJER EN EL MUNDO ACTUAL

PRIMER PASO

Describir y comentar

1. Describa las cuatro generaciones de la familia de Susana y las relaciones de parentesco que hay entre sus miembros.
2. ¿Qué papel hacen las mujeres en las tres escenas familiares? ¿Cuál es el papel de los hombres? ¿Qué hacen los niños?

3. ¿Qué diferencias hay entre lo que hacen los hombres y lo que hacen las mujeres en las tres escenas?
4. ¿Qué cambios se ven con respecto a las relaciones entre los sexos?

Vocabulario para conversar

abrazar *to embrace, hug*
el/la abuelo/a *grandparent*
el/la ahijado/a *godchild*
el/la amante *lover*
besar *to kiss*
el/la bisabuelo/a *great-grandparent*
el/la bisnieto/a *great-grandchild*
casarse (con) *to get married (to)*
  estar casado con *to be married to*
la cita *date; appointment*
el compadre, la comadre* *godparent*
  el compadrazgo *relation of godparents to godchild's parents*
comprometerse (con) *to become engaged (to)*
el/la cuñado/a *brother-/sister-in-law*
(des)igual *(un)equal*
divorciarse *to get divorced*
el/la esposo/a *husband/wife*
la feminidad *femininity*
el feminismo *feminism*

el/la hermano/a *brother/sister*
el/la hijastro/a *stepson/stepdaughter*
el/la hijo/a *son/daughter*
  el marido/la mujer *husband/wife*
  la masculinidad *masculinity*
  el matrimonio *marriage; married couple*
el/la nieto/a *grandchild*
el/la novio/a *boyfriend/girlfriend; fiancé(e)*
  el noviazgo *engagement*
  el padrino/la madrina* *godparent*
  el parentesco *relationship (blood)*
el/la primo/a *cousin*
  querido/a *dear*
el/la sobrino/a *nephew/niece*
el/la suegro/a *father-/mother-in-law*
el/la tatarabuelo/a *great-great-grandparent*
el/la tío/a *uncle/aunt*
  el yerno/la nuera *son-/daughter-in-law*

---

*The words **compadre** and **comadre** refer to the relationship that exists between parents and their child's godparents. The child, however, uses the terms **padrino** or **madrina** to refer to his or her godparents.

INTERCAMBIOS

El árbol genealógico

A. Defina en español los siguientes términos de parentesco: abuelo, cuñado, suegra, hijastro, prima, sobrino, novia, parientes.

B. De entre todos sus parientes, ¿a quién consulta en los siguientes casos? ¿Por qué?

1. Ud. necesita dinero para ir de juerga (*to go "partying"*).
2. Necesita dinero para comprar los libros de texto de sus clases universitarias.
3. Tiene un problema con su novio (novia).
4. Un policía lo (la) ha detenido por exceder el límite de velocidad mientras manejaba su coche.
5. Un policía lo (la) detuvo y descrubrió una pequeña cantidad de mariguana en su mochila (*backpack*).
6. Sus padres lo (la) han echado de casa (*threw you out of the house*).
7. Ud. y su novio (novia) han descubierto que van a ser padres.

La discriminación social de los sexos

A. **Profesiones y trabajos**. ¿Con qué sexo asocia Ud. las siguientes profesiones y trabajos? (Se da aquí sólo la forma masculina.) Explique su respuesta.

enfermero (*nurse*)	carpintero	ama de casa
profesor	basurero	policía
albañil (*bricklayer*)	soldado	camarero (*waiter*)
bombero (*firefighter*)	peluquero (*hairdresser*)	juez (*judge*)
	abogado (*lawyer*)	gimnasta
senador	dependiente (*clerk*)	bailarín
cocinero (*cook*)	camionero (*truck driver*)	cantante
médico	físico	comerciante
boxeador		

¿Qué actividades se consideraban tradicionalmente masculinas o femeninas? ¿Cuáles se consideran masculinas o femeninas hoy en día? ¿En qué casos se observa un cambio? En su opinión, ¿hay casos en que nunca va a haber (*there is never going to be*) un cambio? Explique.

De estas profesiones y trabajos, ¿cuáles prefiere Ud. que su hijo no ejerza (*follow*)? ¿y su hija? ¿Por qué?

B. **¿Discrimina Ud. a las personas por su sexo?** Haga oraciones con un elemento de cada columna. Puede usar el presente o el presente perfecto. Recuerde hacer todos los cambios necesarios.

80 CAPITULO 6 EL HOMBRE Y LA MUJER EN EL MUNDO ACTUAL

(No)	Temo	que	el gobierno: no aprobar la ERA
	Quiero		una mujer: ser presidenta
	Creo		las mujeres: ser igual al hombre
	Sé		el hombre: tener miedo a la liberación femenina
	Espero		
	Dudo		mi padre: pagar la matrícula (*tuition*)
	Prefiero		
	Es necesario		la mujer: pagar los gastos (*expenses*) de una cita
	Estoy seguro		
	Insisto en		los niños: aprender actitudes discriminatorias respecto al sexo
	Me gusta		
	Me molesta		
			mis padres: preferir a mis hermanos/hermanas
			el hombre: liberarse
			la mujer: tener la obligación de cuidar y criar (*to raise*) a los hijos
			una mujer: ser candidato para vice presidenta
			las mujeres: mejorar su situación económica

UNA MUJER EN LA CIMA DEL EVEREST

¡ME DIJERON, "YA QUE SUBE UD. ALLA..."!

el PERIC

C. **Filis Feminista y Tomasina Tradicional.** ¿Cómo reacciona Filis Feminista en las siguientes situaciones? ¿Cuál va a ser la reacción de Tomasina Tradicional?

Se pone furiosa	que	un hombre le abre la puerta
Se pone contenta		una amiga deja su carrera cuando se casa
Le molesta		
Le gusta		un hombre le dice un piropo (*sexist compliment*) cuando la ve andar por la calle
		un hombre quiere cambiarle la llanta desinflada del auto
		una amiga no recibe el mismo sueldo que recibe un hombre por el mismo trabajo
		su sobrino quiere una muñeca y su hermana se niega a dársela
		una madre con dos niños jóvenes ha decidido volver a trabajar

Ahora invente una situación para la clase.

D. **El arte de la persuasión.** Filis y Tomasina se casaron con sus novios. Ahora, como madres de familia, quieren influir en la conducta de los miembros de su familia y de las personas que entran en contacto con sus parientes. ¿Cómo van a intentar influir en las siguientes personas?

1. Filis insiste en que su esposo _____, mientras Tomasina prefiere que su esposo _____.
2. Filis quiere una hija que _____ y Tomasina prefiere un hijo que _____.
3. Filis espera que los abuelos de sus hijos _____, mientras Tomasina quiere que los abuelos de sus hijos _____.
4. Filis busca maestros que _____, mientras Tomasina prefiere maestros que _____.

E. **Situaciones y opiniones.** Entreviste a un compañero de clase para averiguar sus opiniones sobre las siguientes situaciones. Luego comparta con la clase lo que ha aprendido sobre su pareja.

1. Tiene un hijo que acaba de sacar F en todas sus clases. ¿Qué le prohíbe que haga? ¿En qué insiste que haga?
2. Vive con varios amigos que no le ayudan a arreglar la casa. Complete esta oración diciéndoles lo que más le molesta: ¡Aquí no hay nadie que _____!
3. Ud. y su esposo (esposa) no están de acuerdo. Ud. quiere quedarse en la ciudad y él (ella) quiere mudarse al campo. ¿Cómo puede convencerlo (convencerla) para que cambie de opinión?
4. Para un experimento sicológico, le piden a Ud. que pase tres meses en una isla pequeña del Caribe. La isla está totalmente desierta, pero le permiten invitar a alguien como compañero. ¿Cómo completaría (*would you complete*) la siguiente oración? Quiero invitar a alguien que _____.

5. Imagine que Ud. ya está muy viejo y que va a morirse pronto. Piense en su vida y en las cosas que ha hecho y en las que *no* ha hecho. ¿Qué le gusta que por lo menos haya hecho una vez durante su vida? ¿Qué le alegra *no* haber hecho nunca?

¿Niño o niña?
El futuro de un ser humano no debe depender de su sexo.

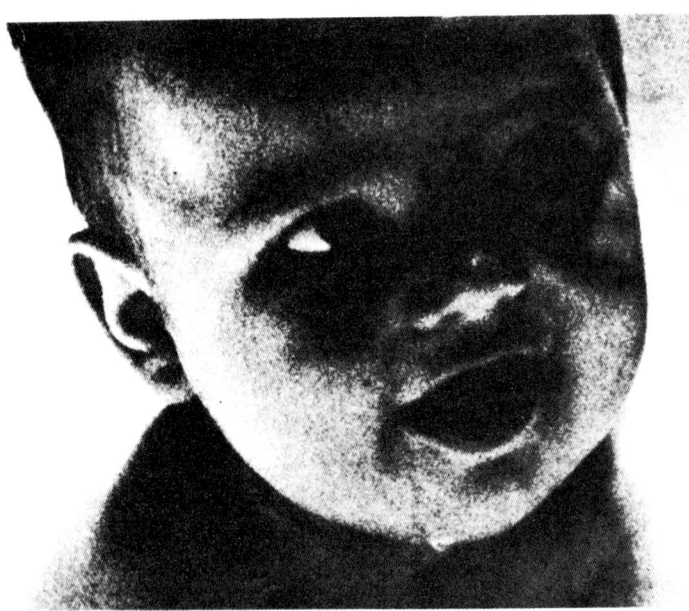

Quien tiene la capacidad debe tener la oportunidad

CONDICION FEMENINA
Desarrollo comunitario es cultura

◪ ESTRATEGIAS PARA LA COMUNICACION ◪

¡Me lo llevo!

OR

Shopping for Clothes

If you go shopping for clothes in the Hispanic world, you will have two major adjustments to make. The first, of course, is getting used to the exchange rate so that you feel confident about interpreting the price of articles. The second is learning the correspondence between American and Spanish or Latin American sizes (clothing size = **la talla**; shoe size = **el número**). For example, a woman who wears a size 10 dress and a size 7 shoe in the United States will want to look at size 40 dresses and size 37 shoes in Spain. Until you learn what sizes you wear, just ask the salesclerk (**el/la dependiente**) to recommend something for you to try on (**probarse**). Here are several other expressions useful when you are shopping for clothing.

1. ¿En qué puedo ayudarlo/la?

    —Quisiera ver gabardinas (pantalones, camisas, etcétera). *I would like to look at raincoats (pants, shirts, etc.).*
    —¿Podría enseñarme chaquetas de caballero? *Could you show me some men's jackets?*
    —También quisiera una corbata que me vaya con la camisa. *I'd also like a tie that goes well with the shirt.*
    —Gracias, sólo estoy mirando. *Thank you, I'm just looking.*

2. ¿Se ha decidido?

    —¿Puedo probármelo? *May I try it on?*
    —No sé cuál es mi talla (número). *I don't know my size.*
    —¿Qué modelo cree que me vaya mejor? *What style do you think will look best on me?*
    —Muchas gracias, pero no era esto lo que tenía pensado. *Thank you very much, but this isn't what I had in mind.*

3. ¡Le queda fantástico!

    —Me queda estrecho (grande). ¿Podría darme una talla más (menos) grande (estrecho)? *It's a bit tight (large). Could you get me a bigger (smaller) size?*
    —Me queda un poco grande (pequeño). ¿Me pueden estrechar un poco (sacar un poco de) las costuras? *It's a bit large (small). Could you take it in (let it out) a bit?*
    —Me queda un poco largo (corto). ¿Me pueden subir (bajar) el dobladillo? *It's a bit long (short). Could you raise (lower) the hem?*
    —Me queda fatal. ¡Me hace gordísimo/a! *It looks awful on me. It makes me look fat!*
    —Este traje no es de mi estilo. *This suit isn't my style.*

—¡Me lo llevo!	*I'll take it!*
—Creo que lo pensaré un poco, gracias.	*I'm going to think it over a bit, thank you.*

Practice the preceding expressions in these situations.

◘ ¡Necesito compañero! ◘

A. Con uno o dos compañeros de clase, prepare una escena sobre unos turistas norteamericanos que van de compras en España. Use tanto vocabulario de la lista anterior como sea posible.

B. Con uno o dos compañeros de clase, prepare una lista de tres «circunstancias difíciles» típicas de cualquier salida de compras—por ejemplo, la ropa de una tienda elegante se arruina totalmente después de un lavado; no aceptan tarjetas de crédito; uno quiere cambiar algo pero ha perdido el recibo (*sales slip*)—para que otros grupos de compañeros improvisen la solución. ¡OJO! En las improvisaciones dramatizadas, se deben usar las estrategias de simplificación y paráfrasis ya estudiadas en vez de buscar todo el vocabulario necesario en el diccionario.

Informes orales

Busque un anuncio de periódico o de revista que refleje actitudes discriminatorias respecto al sexo. Explique estas actitudes y coméntelas con sus compañeros de clase.

Comunicación creativa

A. En inglés la terminología familiar se usa en muchas expresiones que no tienen nada que ver con el parentesco. Explíquele a Luis, su amigo hispano, el significado de las siguientes expresiones.

   1. uncle
   2. old lady/old man
   3. daddy's girl
   4. kissin' cousin
   5. mama's boy

B. En español, los nombres que se refieren a personas pueden ser masculinos o femeninos sin que se produzca un cambio en el significado. Sin embargo, hay algunos pares de palabras donde el cambio de género sí produce un cambio radical de sentido. Por ejemplo: **el tío/la tía**. **Tío**, además de aludir a un parentesco familiar, puede significar *good fellow, old man, old guy*. Por otro lado, **tía** expresa, además de una relación de parentesco, una idea despectiva: *old bag, cheap woman*. Otro par de palabras similares es **el hombre público/la mujer pública**. Esta frase quiere decir *prostituta*, mientras que la otra alude a un hombre conocido en el mundo político.

Se ve el mismo fenómeno en inglés. Explíquele a Luis la diferencia que acompaña un cambio de género en los siguientes pares de expresiones.

1. She's a real lady./He's a real man.
2. She's a pig./He's a pig.
3. master/mistress
4. bachelor/spinster
5. He's a professional./She's a professional.
6. mothering/fathering

C. Explíquele a Luis cuándo se debe usar en inglés la palabra *lady* y cuándo se debe usar la palabra *woman*. ¿Y la palabra *girl*? ¿Es lo mismo llamar a una mujer *girl* que llamar a un hombre *boy*? Explique.

Temas para discutir

1. En algunas religiones, no se le permite a la mujer ser ministro de su iglesia. ¿Qué razones se dan para excluir a las mujeres? ¿Qué opina Ud. de estas razones?

Manifestación femenina durante la guerra de las Malvinas, Buenos Aires, Argentina

a. los médicos
b. los profesores
c. los basureros
d. los abogados
e. los militares
f. los carteros (*mail carriers*)
g. los bomberos (*fire fighters*)
h. los policías

Además de la huelga, ¿qué otros medios pueden emplear los trabajadores para lograr sus demandas?

7. ¿Qué importancia tiene el sistema de *seniority* en el mundo de los obreros? ¿En qué carreras o profesiones tiene más importancia? ¿Qué ventajas y desventajas plantea ese sistema?

8. Imagine Ud. el caso de una compañía que, por varias razones financieras, tiene que reducir su presupuesto (*budget*) drásticamente. Para hacerlo, van a despedir al 40 por ciento de los empleados. Estudie los siguientes casos y póngalos en el orden en que según Ud. deben ser despedidos.

   a. **Un hombre de 55 años:** Ya no es un trabajador muy eficiente pero lleva 30 años en la compañía. Antes, cuando era más joven, era uno de los empleados más enérgicos.

   b. **Un negro muy calificado:** Empezó a trabajar para la compañía hace cinco años.

   c. **El hijo del presidente de la compañía:** Es más o menos eficiente, o sea, no es el mejor empleado de todos, pero tampoco es un desastre. Lleva 20 años en la compañía.

   d. **Una mujer embarazada (*pregnant*):** Es una trabajadora muy eficiente que lleva ocho años en la compañía.

   e. **Un hombre de 40 años:** Tiene graves problemas de salud pero es el mejor ingeniero de la compañía. Lleva 15 años en su posición actual.

CAPITULO SIETE

ANUNCIO DELANTE DE LA IGLESIA EN ZOPOPAN, MEXICO

EL MUNDO DE LOS NEGOCIOS

PRIMER PASO

Describir y comentar

1. ¿Quién es el hombre que se ve en el primer dibujo? ¿En qué basa Ud. su respuesta? ¿Quién es la mujer que le da un sobre al hombre? ¿Quién es la otra mujer? ¿Qué clase de oficina es?
2. ¿Qué pasa en el segundo dibujo? ¿Por qué está enojado el obrero? ¿Por qué le grita el supervisor? ¿Qué sentimientos reflejan las caras de los otros obreros? ¿Por qué?

3. ¿Qué pasa en el tercer dibujo? ¿Qué significan los letreros? Imagine que Ud. es uno de los obreros. ¿Qué escribiría (*would you write*) en los letreros en blanco? ¿Quiénes son las personas que entran en la fábrica? ¿Qué les dicen los que llevan los letreros? ¿Por qué?

Vocabulario para conversar

el anuncio *advertisement*
la asistencia pública *welfare (payments)*
la automatización *automation*
el aviso *notice*
los beneficios *benefits*
la Bolsa *stock market*
el comerciante *merchant*
la competencia *competition*
el consumidor *consumer*
el desfalco *embezzlement*
despedir (i, i) *to fire, dismiss*
la entrevista *interview*
la gerencia *management*
   el gerente *manager*
la huelga *strike*
el impuesto sobre la renta *income tax*
la industrialización *industrialization*
la investigación *research*
  jubilarse *to retire*
   la jubilación *retirement*

la línea de asamblea *assembly line*
el materialismo *materialism*
la mecanización *mechanization*
el mecanógrafo *stenotypist*
el obrero *worker*
el personal *personnel*
el préstamo *loan*
la producción en masa *mass production*
la propaganda *propaganda; advertisement*
la salud pública *public health*
la seguridad *safety*
  los seguros *insurance*
el sindicato *union*
   el sindicalista *union member*
el soborno/la «mordida» *bribe*
la solicitud *application*
la taquigrafía *shorthand*

INTERCAMBIOS

Trabajadores y consumidores

A. **El empleo internacional.** Cuatro compañías con oficinas en el extranjero le han ofrecido a Ud. un puesto de vendedor. Todas las compañías quieren mandarlo a un país en vías de desarrollo (*developing*) para vender su producto. Ud. tiene que elegir una de las cuatro ofertas, que son de la Coca-Cola, de la Ford, de la Dow Chemical y de la IBM. ¿Cuál de ellas va a elegir Ud.? Explique su respuesta.

Después de cuatro años, la compañía que Ud. eligió le ofrece un traslado a uno de los siguientes países. ¿Cuál de ellos prefiere Ud.? ¿Por qué?

1. India 2. Japón 3. Hungría 4. Venezuela

Después de otros cuatro años, Ud. tiene mucha experiencia y puede buscar trabajo en cualquier compañía de cualquier país. ¿Dónde quiere Ud. trabajar y para qué compañía? Explique su respuesta.

B. **Consejero de empleos.** Ud. es consejero en una universidad. Tiene que aconsejar a los estudiantes sobre distintos tipos de empleo. Comente las siguientes posibilidades laborales, explicando las ventajas y desventajas de cada una.

1. trabajar para sí mismo / trabajar para otro
2. trabajar para una compañía grande / trabajar para una compañía pequeña
3. trabajar como gerente / trabajar como empleado
4. trabajar para el gobierno / trabajar en el sector privado
5. ser miembro de un sindicato / ser un trabajador independiente

C. **Lo importado y lo nacional.** Ud. necesita comprar productos que pertenecen a las siguientes categorías. ¿Es preferible comprar algo hecho en los Estados Unidos o algo importado? Explique su respuesta.

1. un producto hecho de papel
2. un producto de plástico
3. un producto electrónico
4. un producto de goma (*rubber*)
5. un producto de tela (*cloth*)
6. un mueble (*piece of furniture*)
7. un producto de cuero (*leather*)
8. un motor

D. **Psicólogo industrial.** Ud. es un psicólogo industrial y durante unos años tuvo un contrato con una gran empresa. En la compañía había muchos cambios de personal que provocaban un bajo nivel de producción. Ud. tenía que hacer una serie de recomendaciones para asegurar que los obreros permanecieran en sus puestos y que fueran más productivos. ¿Qué recomendaciones ofreció Ud. a los directores de la compañía? ¡OJO! Ud. *no* pudo recomendar que aumentaran los sueldos.

Comunicación creativa

Explíquele a Luis el significado de las siguientes frases y oraciones.

1. A stitch in time saves nine.
2. mass-produced
3. store-bought
4. The early bird gets the worm.
5. A penny saved is a penny earned.
6. scab
7. windfall profit
8. perk
9. fringe benefits
10. wildcat strike

Temas para discutir

Beneficios y derechos del obrero

1. Explique en español los siguientes tipos de asistencia financiera.
    a. el pago de la asistencia pública
    b. los cupones para comida
    c. el pago del seguro de desempleo
    d. la compensación laboral (*worker's compensation*)
    e. el pago de los seguros sociales
    f. el pago de las pensiones de retiro

2. ¿Por qué se establecieron estos tipos de asistencia? ¿Qué criterios hay para decidir quién los puede recibir? ¿Hay algunos problemas asociados con el pago de la asistencia pública? ¿Cuáles son? ¿Cree Ud. que los beneficios

deben ser aumentados o que se debe abolir el sistema por completo? Explique.

3. Imagine que Ud. acaba de heredar una fortuna de la que puede vivir sin trabajar. ¿Qué diferencias hay entre su modo de vivir y el de una persona que vive de la asistencia pública?

4. Hace unos años se cambió la edad de la jubilación de 65 a 70 años. ¿Por qué se hizo esta modificación? ¿Qué efectos positivos y negativos ha tenido? ¿Debe darse la jubilación obligatoria a cierta edad? Si la jubilación se hace obligatoria a cierta edad, ¿puede considerarse como una forma de discriminación o no? Explique. En su opinión, ¿qué edad es la más apropiada? ¿Debe haber otros criterios—en lugar de (*instead of*) la edad—para determinar la jubilación? Explique.

5. ¿Cuáles son los sindicatos más poderosos de los Estados Unidos hoy en día? ¿Por qué se fundaron? ¿Qué beneficios han conseguido para los trabajadores? ¿Cree Ud. que han tenido también algunos efectos negativos? ¿Cuáles son? Explique.

6. Tradicionalmente los sindicatos logran mayores beneficios y salarios por medio de las huelgas (o la amenaza de ellas). Sin embargo, muchas personas creen que no todos los trabajadores deben tener el derecho de declararse en huelga. De los siguientes grupos de trabajadores, ¿cuáles *no* deben tener ese derecho, según Ud.? ¿Por qué?

¿Es muy próspera esta fábrica? ¿Respetan el medio ambiente sus dueños? ¿Qué hacen con las multas (*fines*) que se les imponen? ¿Cree Ud. que se debe multar a las grandes empresas cuando ensucian el medio ambiente? En su opinión, ¿quién debe pagar las multas, los accionistas o los directores?

a. los médicos
b. los profesores
c. los basureros
d. los abogados
e. los militares
f. los carteros (*mail carriers*)
g. los bomberos (*fire fighters*)
h. los policías

Además de la huelga, ¿qué otros medios pueden emplear los trabajadores para lograr sus demandas?

7. ¿Qué importancia tiene el sistema de *seniority* en el mundo de los obreros? ¿En qué carreras o profesiones tiene más importancia? ¿Qué ventajas y desventajas plantea ese sistema?

8. Imagine Ud. el caso de una compañía que, por varias razones financieras, tiene que reducir su presupuesto (*budget*) drásticamente. Para hacerlo, van a despedir al 40 por ciento de los empleados. Estudie los siguientes casos y póngalos en el orden en que según Ud. deben ser despedidos.

    a. **Un hombre de 55 años:** Ya no es un trabajador muy eficiente pero lleva 30 años en la compañía. Antes, cuando era más joven, era uno de los empleados más enérgicos.

    b. **Un negro muy calificado:** Empezó a trabajar para la compañía hace cinco años.

    c. **El hijo del presidente de la compañía:** Es más o menos eficiente, o sea, no es el mejor empleado de todos, pero tampoco es un desastre. Lleva 20 años en la compañía.

    d. **Una mujer embarazada (*pregnant*):** Es una trabajadora muy eficiente que lleva ocho años en la compañía.

    e. **Un hombre de 40 años:** Tiene graves problemas de salud pero es el mejor ingeniero de la compañía. Lleva 15 años en su posición actual.

PRECIO ESTABLE

EL SIMBOLO DE UN COMPROMISO

El compromiso de fabricantes y comerciantes de no subir los precios durante un período de tiempo.

Y el signo que orientará al comprador sobre qué productos y establecimientos se han comprometido estabilizar sus precios.

Un esfuerzo común en beneficio de todos.

Porque para estabilizar la economía del país, hay que empezar por estabilizar los precios.

La responsabilidad corporativa

1. Ultimamente se exigen mayores responsabilidades a los fabricantes en todo lo relacionado con la seguridad y la calidad de sus productos. Estudie los siguientes casos y decida si el fabricante debe ser considerado culpable y qué indemnizaciones debe dar a los afectados.

LOS CONTAMINANTES ATMOSFERICOS PRINCIPALES Y SUS EFECTOS SOBRE EL HOMBRE

Contaminantes	Origen	Efectos
Anhídrido sulfuroso (SO_2).	Industrias metalúrgicas y químicas: combustiones de carbón, madera y derivados del petróleo que contienen azufre.	Irritante de bronquios y mucosas. Corrosión del hierro.
Anhídrido sulfúrico (SO).	Mismo origen. Deriva del anterior al reaccionar químicamente con oxígeno, en presencia de diversos catalizadores.	Efectos semejantes.
Acidos sulfuroso y sulfúrico (SO_3H_2 y SO_2H).	Con humedad saturante, provienen de los anhídridos correspondientes. Principales componentes del «smog» ácido.	Efectos semejantes a los producidos por los anhídridos pero mucho más graves.
Acido sulfhídrico (SH_2).	Industria petroquímica.	Muy tóxico. Olor repulsivo.
Acido clorhídrico (ClH).	Industria petroquímica, incineración de basuras, combustiones de carbón y aceites pesados.	Irritante de bronquios. Muy corrosivo de estructuras metálicas al disolver las capas protectoras de sulfatos.
Oxidos de nitrógeno (NO, NO_2, NO_3).	Combustiones a altas temperaturas.	Catalizadores en el «smog» oxidante, bajo la presencia de la radiación solar e hidrocarburos. Irritantes de ojos y sistema respiratorio.
Monóxido de carbono (CO).	Combustiones incompletas.	Envenenamiento rápido al impedir el transporte de oxígeno por la sangre (formación de carboxihemoglobina).
Anhídrido carbónico (CO_2).	Combustiones en general.	Puede ser responsable de un aumento gradual de la temperatura media de la atmósfera.
Hidrocarburos en general (C_nH_n).	Tubos de escape de automóviles, refinerías de petróleos, combustiones de carbón y productos de petróleo.	«Smog» oxidante; se potencia con el monóxido de carbono. Diversos grados de toxicidad.
Hidrocarburos cancerígenos (3-4 benzopireno, fluorantreno...).	Combustiones incompletas de derivados de petróleo.	Cáncer.
Mercaptanos.	Industria petroquímica.	Olor repulsivo. Tóxico.
Polvo y hollines de todo tipo.	Combustiones incompletas de carbón y aceites pesados, cenizas de las combustiones, desechos industriales.	Transporte de cancerígenos, ensucia, produce enfisema y efectos tóxicos en los pulmones. Cáncer del escroto.

Elaborado por Rodríguez Picazo.

a. Hay un líquido para la limpieza que contiene un veneno peligroso. El limpiador es bebido por un niño de tres años que fallece (*dies*) como consecuencia.

b. Un alto porcentaje de los obreros que trabajan en una fábrica de asbesto se enferma de cáncer.

c. Un bebé se hiere (*wounds himself*) gravemente con un juguete que tiene unas puntas muy afiladas (*sharp points*).

d. Un hombre ingiere una botella de aspirinas y muere.

e. Una persona se enferma de cáncer en los pulmones. Esta persona fuma tres paquetes de cigarrillos diarios.

f. Una mujer muere asfixiada a consecuencia del monóxido de carbono. Mientras manejaba, llevaba abierto el maletero (*luggage compartment*) y los gases del tubo de escape entraron en el automóvil.

g. Se fabrica una medicina en los Estados Unidos pero su venta está prohibida por falta de experimentación. Sin embargo, se permite su exportación. Un estadounidense la compra en el extranjero y sufre trastornos graves en su organismo.

h. *Invente una situación para la clase.*

2. El movimiento a favor de los derechos del consumidor critica la propaganda que engaña: por ejemplo, la práctica de anunciar la venta de ciertos modelos de un producto a un precio muy bajo cuando no hay ningún ejemplo de ese modelo en la tienda. Dé Ud. otros ejemplos de propaganda engañosa. ¿Ha sido Ud. víctima de ella alguna vez? ¿Debe prohibir el gobierno estas prácticas? ¿Cree Ud. que la propaganda es necesaria? ¿Qué factores influyen su decisión de probar un nuevo producto? Explique.

3. ¿Cree Ud. que se debe prohibir toda publicidad sobre el tabaco o las bebidas alcohólicas? En su opinión, ¿cuál es la «responsabilidad corporativa» en el caso de los productos dañinos para la salud? ¿Hay otros productos cuya publicidad también debe prohibirse (o limitarse)? Explique.

4. Mire la siguiente tira cómica. Los dos personajes son Mafalda y su amigo Manolo, que trabaja en la tienda de su padre. Usando los tiempos pasados apropiados, narre lo que pasa en la tira cómica. ¿Cuál es el conflicto de

Manolo? ¿Conoce Ud. a hombres de negocios que resolverían (*would resolve*) el conflicto de otra forma? Explique. ¿Ha sentido Ud. alguna vez el mismo conflicto al revés? Es decir, ¿compró Ud. algo alguna vez no por su calidad sino para ayudar a un amigo? Explique las circunstancias.

5. Mire el anuncio de la página 97. ¿A quién se dirige el anuncio? ¿Cuál es la responsabilidad corporativa que se describe? ¿Cree Ud. que una campaña publicitaria semejante tendría éxito (*would be successful*) en los EEUU? ¿Por qué sí or por qué no?

Actividades colectivas

A. Fórmense cinco grupos de dos estudiantes para entrevistar a tres candidatos para un determinado puesto. Los otros estudiantes de la clase van a ser los candidatos. Se buscan personas para ocupar los siguientes puestos.

1. presidente de una pequeña compañía de cosméticos
2. alcalde (*mayor*) de una gran ciudad norteamericana
3. dietista para la cafetería universitaria
4. vendedor de coches fabricados en los Estados Unidos
5. profesor de español en esta universidad

Después de las entrevistas los dos entrevistadores deben ponerse de acuerdo sobre el candidato que ellos prefieren. Luego deben presentar su candidato a la clase, explicando por qué lo escogieron.

B. Fórmense grupos de tres o cuatro estudiantes. Los estudiantes de cada grupo representan agencias publicitarias que compiten para conseguir un contrato para la campaña de un determinado producto. Después de prepararse los anuncios, las diversas agencias deben presentárselos a la clase, la cual va a votar para determinar cuál de las agencias debe recibir el contrato.

Productos posibles:
1. un detergente
2. ropa interior para hombres
3. caramelos dietéticos
4. un calmante
5. un nuevo tipo de cigarrillo

besaaar...

Con unos labios sanos, suaves, flexibles, sin grietas... **Liposan es el cuidado de los labios**.

Liposan es un producto científico que protege sus labios a base de componentes naturales y Eucerit.®

Compre Liposan para cuidar y proteger sus labios en todo tiempo.

Liposan®

Informes orales

Prepare un informe breve sobre uno de los temas siguientes.

1. the Better Business Bureau
2. Ralph Nader
3. Andrew Carnegie
4. James Hoffa
5. Henry Ford
6. the ILGWU
7. John Rockefeller
8. Lee Iaccoca
9. the EPA
10. John DeLorean

Composición

1. Imagine que Ud. es un periodista que investiga las actividades de una gran empresa. Por casualidad descubre que la compañía está tapando (*covering up*) la divulgación de los efectos dañinos de su principal producto. Invente Ud. un producto y su efecto. Luego escriba un artículo periodístico de denuncia.

2. Escriba un comentario sobre uno de los dichos (*sayings*) siguientes.
    a. Si es bueno para el mundo de los negocios, es bueno para América.
    b. No importa tanto lo que sabes sino a quien conoces.

CAPITULO OCHO

LA IGLESIA DE SANTO DOMINGO EN PUEBLA, MEXICO

CREENCIAS E IDEOLOGIAS

PRIMER PASO

Describir y comentar

1. Comente los estereotipos políticos que se ven en el dibujo. ¿Son todos exagerados? ¿Cuáles son verdaderos? ¿más o menos verdaderos? ¿Hay alguna diferencia entre el estereotipo de la mujer política y del hombre político? ¿entre el político joven y el político viejo? Explique.
2. Describa lo que pasa en cada sala de la Cámara de Representantes. ¿Qué aspectos de la vida política se representan?

3. ¿Qué hace el joven que está en el parque? ¿Por qué no lo escuchan muchas personas? ¿De qué hablará (*might be speaking*) el joven? ¿Qué puede hacer para atraer más la atención? ¿Qué características quiere el público que tengan los políticos?
4. Tradicionalmente, ¿cuándo hay desfiles militares en los Estados Unidos? ¿Qué sentimientos provoca el desfile que se ve en el dibujo? ¿A Ud. le gusta este tipo de desfile? ¿Por qué sí o por qué no? ¿Tienen los desfiles militares algún propósito político? Comente.

Vocabulario para conversar

la **apatía** *apathy*
las **armas (nucleares)** *(nuclear) weapons*
  la **bomba atómica** *atomic bomb*
    cabildear *to lobby*
      el **cabildero** *lobbyist*
la **Cámara de Representantes** *House of Representatives*
la **Corte Suprema** *Supreme Court*
la **democracia** *democracy*
    demócrata *Democrat*
    democrático *democratic*
el **desfile** *parade*
la **dictadura** *dictatorship*
las **elecciones** *elections*
la **encuesta** *opinion poll*
la **enmienda** *amendment*
    estar a favor de *to be in favor of*
    ...en contra de *against*
    «**frenos y equilibrios**» *checks and balances*
el **general** *general*
  gobernar (ie) *to govern*
    el **gobernador** *governor*
la **guerra** *war*
    ...civil *civil*
    ...mundial *world*

el **Parlamento** *Parliament*
el **partidario** *constituent, supporter*
la **paz** *peace*
la **política** *politics; course of action, policy*
    el **político** *politician*
  postular, presentarse *to run (for office)*
el **presupuesto** *budget*
  promulgar una ley *to pass a law*
la **rama** *branch*
    ...ejecutiva *executive*
    ...jurídica *judicial*
    ...legislativa *legislative*
el **representante** *representative*
republicano *Republican*
la **revolución** *revolution*
el **Senado** *Senate*
  el **senador** *senator*
  sobornar *to bribe*
votar *to vote*
  el **votante** *voter*

INTERCAMBIOS

▣ ESTRATEGIAS PARA LA COMUNICACION ▣

No pude porque...

OR

Offering Explanations

In the course of a conversation you are often asked to explain the reasons for an action or a decision. Explanations of this kind are generally stated as cause-effect relationships. For example, you might tell someone that you didn't vote for a particular candidate *due to* his or her stand on a certain issue. *Due to* introduces the cause or reason for a decision.

>No voté por ella (él) **a causa de** su posición con respecto al medio ambiente.

You might have told the person that the particular candidate has a particular point of view and *therefore* you didn't vote for him or her. *Therefore* introduces the consequences of a certain action or circumstance.

>La candidata (El candidato) tiene opiniones raras respecto al medio ambiente y **por eso** no voté por ella (él).

A causa de and **por eso** are connectors that are useful for offering explanations in Spanish. Here are some additional ones:

por esta razón	*for this reason*	por motivo de	*because of, due to*
como resultado de	*as a result of*	porque	*because*
por lo tanto	} *consequently*	ya que	*since; now that*
por consiguiente		puesto que	*since*

Como resultado de su política pudieron resolver la crisis.

Calbidearon durante dos semanas y por lo tanto se aprobó la enmienda.

As a result of his policies, they were able to resolve the crisis.

They lobbied for two weeks and consequently the amendment was passed.

Practice the use of connectors in these activities.

A. Haga una oración con las frases usando una expresión de la lista de la derecha. ¡OJO! Hay que usar el pretérito y el imperfecto.

1. sobornar a los representantes, ser ellos arrestados por la policía
2. hacer una encuesta nacional, necesitar el partido información sobre la opinión pública
3. no haber otro candidato bueno, postular (yo) para el puesto
4. tener miedo el presidente Truman de una guerra sangrienta (*bloody*) prolongada, mandar usar la bomba
5. rendirse los japoneses, no poder ellos resistir la destrucción de la bomba
6. perder nuestro candidato la elección, no celebrar nosotros

por esta razón
por consiguiente
porque
a causa de que
por eso
por lo tanto
puesto que

B. ¡Necesito compañero! Con un compañero de clase, haga y conteste preguntas sobre decisiones que cada uno haya tomado, explicando en su respuesta la razón o el motivo de sus decisiones.

- (no) comprar un carro
- (no) trabajar durante el año escolar
- (no) vivir en una residencia
- (no) hacerse socio de una «fraternidad» o «sororidad»
- (no) apoyar a _____ en las últimas elecciones
- (no) presentarse para un puesto en el gobierno estudiantil
- (no) trabajar como voluntario para alguna organización

Votantes y candidatos

A. Cinco candidatos postulan para la presidencia en las próximas elecciones. Después de leer sus biografías, ¿por quién votaría Ud. (*would you vote*)? Justifique su respuesta.

1. **El senador Miami:** es de la Florida. Es un republicano conservador. Lleva 12 años en el Senado donde ha votado por varios aumentos en el presupuesto militar, por mayores inversiones federales en la energía nuclear y por regulaciones más estrictas en la admisión de inmigrantes en los Estados Unidos.
2. **La señora Angeles:** es una exgobernadora de California. Es una demócrata moderada. En California bajó la tasa (*rate*) de los impuestos estatales y disminuyó el presupuesto estatal para la asistencia pública. También apoyó una ley que requirió el registro de toda arma de fuego y otra que reconoció el derecho de toda mujer al aborto.
3. **El senador Helado:** es de North Dakota. Fue alcalde (*mayor*) de una ciudad pequeña y luego sirvió en la Cámara de Representantes durante va-

rios años. Ha prometido limitar el número de artículos importados que se permite entrar en los Estados Unidos. También apoya una enmienda constitucional que permite el rezo en las escuelas públicas. En la Cámara siempre vota a favor de las leyes que protegen la ecología.

4. **La señorita Globo:** es una diplomática profesional. Aunque su experiencia y conocimiento en asuntos económicos y laborales es limitado, ha tenido una distinguida carrera como embajadora en el Oriente y el Medio Oriente. Habla varias lenguas y ha declarado su interés por los asuntos internacionales. Ella cree que los Estados Unidos tiene que revalorizar su papel en el mundo y forjar nuevas alianzas con los países del Tercer Mundo.

5. **El señor Este:** es de Nueva York. Es liberal. Fue gobernador del estado y luego senador. Quiere establecer un sueldo mínimo para los trabajadores, garantizar el empleo para todos y abolir las plantas nucleares. Estuvo en contra de la *ERA*.

B. ¿Por cuál de los candidatos mencionados votarían (*would vote*) los siguientes individuos? Justifique la decisión de ellos según la perspectiva suya.

1. un agricultor próspero de Arkansas
2. un ama de casa—madre de ocho hijos—de Rhode Island
3. un obrero que trabaja en una fábrica Ford en Detroit
4. una abogada que trabaja en un barrio pobre de una gran ciudad
5. un viejo jubilado de Arizona, que trabajó como comerciante
6. un militar, veterano de la Guerra de Vietnam y especialista en técnicas antiterroristas

C. Según la opinión del *hombre medio* norteamericano, ¿cuáles de los siguientes atributos son más importantes en el candidato político ideal? Póngalos en orden de importancia según su criterio.

el sexo	la capacidad de inspirar confianza
el atractivo físico	
la juventud	el grado de honradez
la madurez	el pelo rubio
la experiencia	el lugar de nacimiento
la educación	la religión
la capacidad para influir en los demás	el origen étnico
	la profesión
la capacidad de tomar decisiones	la inteligencia

¿Está Ud. de acuerdo personalmente con esta ordenación? Si no lo está, ¿cómo la cambiaría (*would you change it*)?

Ahora, compare los políticos actuales con los candidatos «ideales» que acaba de describir. ¿Quiénes son los políticos actuales que se acercan más a la imagen del político «ideal»?

D. Con varios compañeros, comente la siguiente lista de cuestiones políticas. Luego póngalas en orden de mayor a menor importancia según la opinión de los políticos de hoy. Justifique su respuesta. ¿Cuál es el orden que más refleja su propia opinión?

> la crisis de energía
> el desempleo
> la inflación
> el *status* de los Estados Unidos en el mundo
> el presupuesto militar
> la exploración del espacio
> la carrera armamentista
> la reducción de los impuestos
> el seguro social
> la protección del medio ambiente
> el deterioro de las ciudades
> el crimen y la violencia
> la repartición del poder entre el gobierno federal y los gobiernos estatales
> la ayuda económica a otros países
> la asistencia pública
> un plan nacional de salud
> el terrorismo
> los derechos de los grupos minoritarios (las mujeres, los negros, los hispanos, etcétera)

La guerra y la historia

A. Aquí hay una lista de algunas de las guerras e intervenciones militares en que ha participado los Estados Unidos. Explique las razones de la intervención norteamericana en cada caso y luego comente cómo es diferente la historia de los Estados Unidos como consecuencia de la guerra. Trate de usar algunas de las expresiones de la página 107.

> la Revolución Americana
> la Guerra Civil Norteamericana
> la Guerra de 1898 (*Spanish-American War*)
> la Primera Guerra Mundial
> la Segunda Guerra Mundial
> la Guerra de Corea
> la Guerra de Vietnam
> la invasión de Grenada

B. Estudie las posibles causas de guerra que se dan a continuación. Añada otras e identifique las más importantes, citando guerras concretas.

> la expansión/la protección de las fronteras
> el fervor religioso
> la ideología política
> las rivalidades étnicas o raciales
> la lucha por la justicia
> la adquisición de recursos o productos concretos
> la aspiración al poder (por parte de un individuo o de un grupo)

Definiciones políticas

A. Explique Ud. la diferencia entre _____. Luego dé ejemplos concretos de cada uno.

1. una dictadura y una monarquía
2. una democracia y una república
3. el fascismo y el comunismo
4. una democracia y una oligarquía

B. Explique brevemente a una persona de otro país cómo funciona ____.

1. la rama ejecutiva del gobierno federal de los Estados Unidos
2. la rama jurídica
3. la rama legislativa
4. el sistema de «frenos y equilibrios»

Comunicación creativa

Explíquele a Luis lo que significan los siguientes dichos políticos y siglas (*acronyms*) norteamericanas.

1. *Speak softly but carry a big stick.* (Theodore Roosevelt)
2. *A chicken in every pot.* (Republican Campaign Promise, 1932)
3. *Ask not what your country can do for you, but what you can do for your country.* (John F. Kennedy)
4. *A statesman is a politician who's been dead ten or fifteen years.* (Harry S Truman)
5. *The buck stops here.* (Harry S Truman)
6. GOP
7. NOW
8. NAACP
9. ERA
10. CIA
11. FBI
12. IRS

que... *let him knock* (golpe *also means "military coup"*)

La conducta política

A. ¿Cómo se puede identificar a un conservador, un moderado y un liberal hoy en día? Trabajando en grupos de cuatro estudiantes, definan estos tres grupos políticos según su postura ante los siguientes temas.

> los programas sociales
> el presupuesto militar
> la participación de las minorías en el gobierno
> el presupuesto federal
> las relaciones internacionales
> el control de las armas de fuego
> las restricciones al poder de los sindicatos
> el aborto
> los derechos de la mujer
> la crisis de energía
> la ecología
> *cualquier otro tema*

La clase entera debe considerar las definiciones de todos los grupos y ponerse de acuerdo sobre los asuntos que mejor diferencian al conservador, al moderado y al liberal. Luego cada grupo debe preparar una encuesta para averiguar (*to determine*) las preferencias políticas de un grupo que conoce, por ejemplo: los estudiantes de otra clase, los estudiantes que viven en una residencia, los profesores de cierto departamento académico, etcétera. Después de hacer la encuesta, el grupo debe compartir lo que ha aprendido con el resto de la clase.

B. Cada diez años, el Congreso tiene que rehacer—utilizando los datos del censo—los contornos de los distritos congresionales. Durante toda su carrera política, el senador Gris ha sido un liberal pero ahora se encuentra con que su distrito ha cambiado y sus partidarios son mucho más conservadores que él. Quiere representarlos bien pero también quiere votar según su propia conciencia. Sin embargo, si se opone totalmente a las opiniones de sus partidarios, no lo van a apoyar en las próximas elecciones. Con tres compañeros determine hasta qué punto el señor Gris puede desviarse de (*depart from*) las opiniones de sus partidarios sin destruir su carrera política.

INTERCAMBIOS **113**

LA OPINION DEL SR. GRIS	LA OPINION DE SUS PARTIDARIOS	LA POLITICA MAS PRACTICA PARA EL SR. GRIS
1. Permitir el rezo en las escuelas es anticonstitucional.	El rezo en las escuelas garantiza la moralidad pública.	?
2. Gastamos demasiado dinero en armas.	Debemos mantener la superioridad militar sobre los rusos.	?
3. Debemos gastar más dinero en la creación de nuevos parques nacionales y estatales.	El gobierno debe limitar su intervención en asuntos poco importantes; además, ya hay bastantes parques.	?
4. Los Estados Unidos tiene la responsabilidad de ayudar a los países en vías de desarrollo a fomentar su propia industria, su educación y su desarrollo en general.	Los Estados Unidos no debe gastar dinero en países que luego no le muestran su agradecimiento.	?

C. En un momento de crisis internacional, el gabinete del presidente—o sea, los estudiantes de la clase—se ha reunido. El presidente no sabe si debe declarar la guerra o no. ¿En cuál de los siguientes casos cree el gabinete que se puede justificar una declaración de guerra? ¿Por qué?

1. Un avión estadounidense ha sido derribado (*shot down*) por los rusos, que dicen que volaba sobre territorio soviético.
2. Ha habido una revolución en un país árabe y 50 diplomáticos estadounidenses han sido fusilados (*shot*) como espías capitalistas.
3. Tropas enemigas han aterrizado (*landed*) en la costa de Alaska.
4. Inglaterra ha sido atacada por otro país.
5. En el Canadá todas las compañías estadounidenses y sus sucursales (*branch offices*) han sido expropiados por el gobierno canadiense, que se niega a pagar las debidas indemnizaciones.
6. Tropas comunistas amenazan con derribar (*to topple*) varios gobiernos latinoamericanos.

En «La familia presidencial», pintado por el colombiano Francisco Botero, el pintor agrupa en una sola «familia» a todos los que tradicionalmente comparten el poder en Latinoamérica. ¿Quiénes son los miembros de esta «familia»? ¿Comparten todos el poder igualmente o parece que algunos son más poderosos que otros? ¿Qué relación parece tener el artista con esta familia?

Temas para discutir

1. Los candidatos políticos se aprovechan de todos los medios de comunicación, especialmente de la televisión. ¿Cómo beneficia a un candidato la televisión? ¿Cree Ud. que la televisión también beneficia al público durante las campañas electorales? Explique. En su opinión, ¿insiste la prensa demasiado en aspectos de la vida personal de los candidatos? ¿en su aspecto físico? ¿Cree Ud. que es importante que un político, sobre todo un presidente, tenga una apariencia física atractiva? ¿Por qué sí o por qué no?

2. En los Estados Unidos, ¿hay ciertos grupos o individuos que controlan la política? Si dice que sí, ¿cuáles entre ellos son los más poderosos? ¿Son los mismos de hace 100 años? ¿Qué es un grupo de intereses especiales? ¿Qué grupos de este tipo son los más importantes en los Estados Unidos? ¿Cómo influyen en la legislación? ¿Cree Ud. que desempeñan un papel necesario dentro del sistema político o que lo debilitan? Comente.

3. ¿Cree Ud. que en el ejército se fomenta un espíritu «machista»? Explique. A lo largo de los siglos, ¿cómo ha evolucionado el concepto de «combate»? ¿Cómo influye el progreso tecnológico en las guerras modernas? ¿Cree Ud. que una mujer como jefe de estado estaría (*would be*) menos dispuesta a entrar en guerra que un hombre? ¿Cree Ud. que las mujeres pueden luchar como soldados en combates militares? ¿Por qué sí o por qué no? ¿Qué ventajas y desventajas tiene la carrera militar para los hombres? ¿y para las mujeres? ¿y para las familias de los soldados? ¿En qué se diferencia la imagen del soldado de hoy de la de hace 50 años? ¿A qué se debe este cambio? ¿Cree Ud. que la imagen de hoy es más acertada (*accurate*)?

4. Ha habido muchas comedias basadas en los combates y en la vida militar. ¿Cuáles puede Ud. nombrar? ¿Por qué cree Ud. que hay tantas? ¿Qué posibles funciones psicológicas tienen? Muchos excombatientes se divierten contando (*telling*) sus aventuras guerreras. ¿Cómo suelen ser estas historias? ¿Cómo las narran los excombatientes? ¿Por qué las narran así?

5. ¿Qué es un crimen de guerra? ¿Cuál es la diferencia entre un crimen de guerra y un acto de obediencia a un superior durante un período de guerra? ¿Hay alguna circunstancia en que un soldado deba cuestionar los mandatos de su superior? Comente.

6. ¿Qué pasa en el siguiente dibujo? ¿Quiénes son los dos hombres? ¿De qué se burla el dibujo? ¿Refleja un punto de vista negativo o positivo? ¿Comparte Ud. ese punto de vista? ¿Por qué sí o por qué no?

Peregrinaje (*Pilgrimage*) a la Basílica de la Virgen de Guadalupe, México

7. Mire el dibujo de la página 117. ¿En qué reside el pesimismo del artista? Explique. En su opinión, ¿por qué han fracasado con frecuencia las negociaciones para abolir «los alfileres»? ¿Se siente Ud. pesimista u optimista hacia futuras negociaciones? ¿Por qué?

¡Debate!

Fórmense tres grupos de cuatro o seis estudiantes para debatir los siguientes temas. La mitad de cada grupo debe preparar los argumentos afirmativos, mientras la otra mitad prepara los argumentos negativos. Los otros estudiantes de la clase deben preparar preguntas para hacerlas durante los debates.

AFIRMATIVO	NEGATIVO
1. El servicio militar debe ser obligatorio porque ____.	El servicio militar debe ser voluntario porque ____.
2. Las armas atómicas deben usarse en ciertos casos porque ____.	Las armas atómicas no deben usarse nunca porque ____.
3. Debemos permitir que otros países desarrollen su potencial nuclear porque ____.	Debemos prohibir que otros países desarrollen su potencial nuclear porque ____. Debemos conseguir este propósito por medio de ____.

4. Es necesario apoyar el sistema de *seniority* en el Congreso porque ____.

   Es necesario acabar con el sistema de *seniority* en el Congreso porque ____.

5. Se debe limitar la cantidad de dinero con la que un grupo puede apoyar a un solo candidato político porque ____.

   No se debe limitar la cantidad de dinero con la que un grupo puede apoyar a un solo candidato político porque ____.

Composición

1. Un amigo suyo ha decidido no votar en las próximas elecciones nacionales. Escríbale una carta tratando de convencerlo para que vote.

2. Escriba una carta al editor de su periódico favorito defendiendo o atacando la proposición de la siguiente enmienda a la Constitución: El presidente de los Estados Unidos debe ejercer su cargo por un solo plazo de seis años.

pins

CAPITULO NUEVE

OBREROS MIGRATORIOS EN WALLA WALLA, WASHINGTON

LOS HISPANOS EN LOS ESTADOS UNIDOS

PRIMER PASO

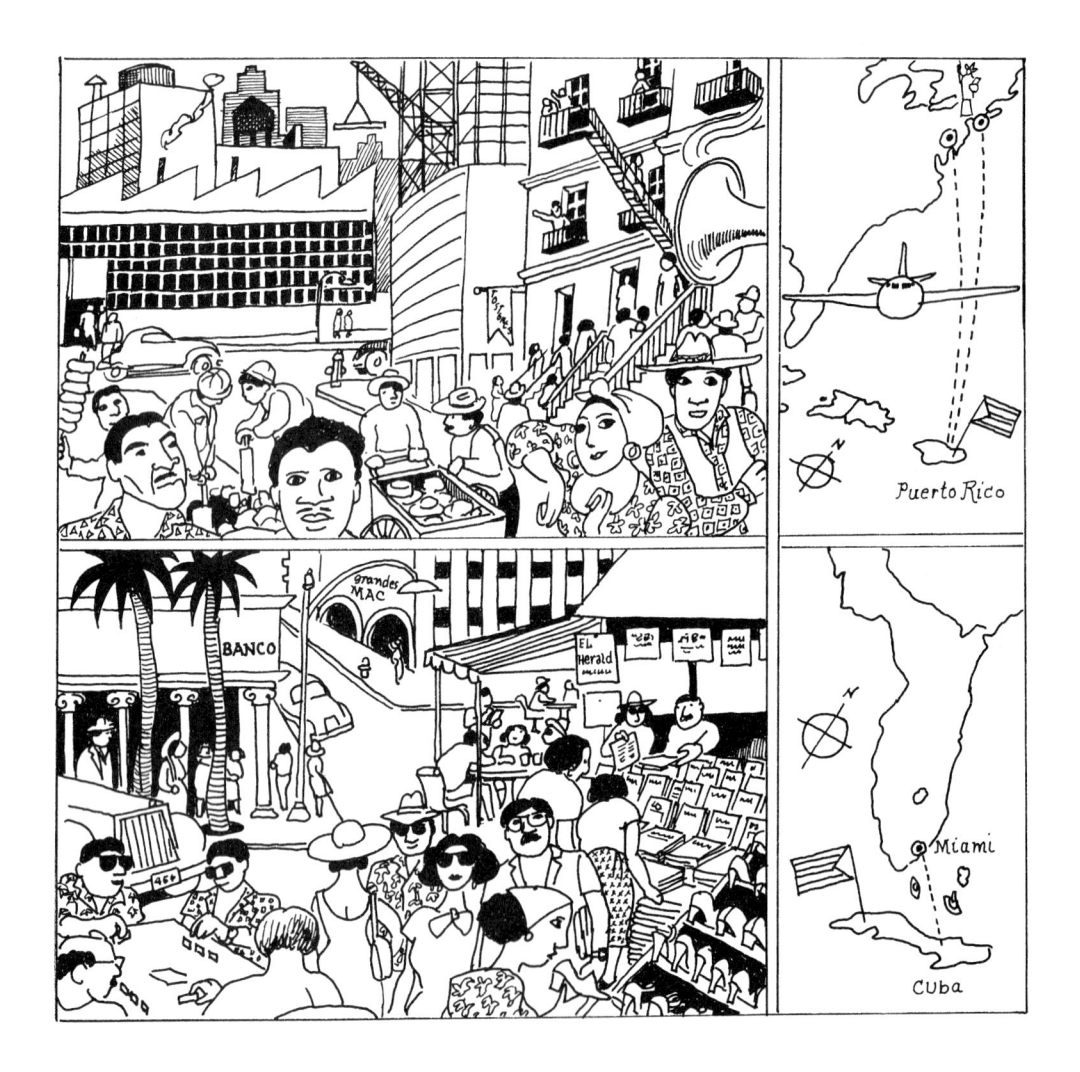

Describir y comentar

1. ¿En qué zonas de los Estados Unidos es evidente la presencia hispana? ¿Qué grupos predominan en las distintas zonas? ¿Cómo y cuándo llegaron los miembros de cada grupo a la región en que viven actualmente?
2. ¿Qué diferencias nota Ud. entre los grupos de hispanohablantes que se ven en estos dibujos?

3. ¿Qué tipo de relación tiene cada grupo con la comunidad en que vive? ¿Qué contribuciones artísticas, económicas y culturales ofrecen los miembros de cada grupo a la zona?
4. ¿Qué otros grupos étnicos han llegado a los Estados Unidos? ¿Cuándo y por qué vinieron? ¿Dónde hay grandes concentraciones de estos grupos o de sus descendientes hoy en día en los Estados Unidos?

Vocabulario para conversar

la mayoría *majority*
la minoría *minority*

el anglo *Anglo*
el borinqueño *Puerto Rican*
el cubano *Cuban*
el chicano *chicano*
el mexicanoamericano *Mexican American*
el puertorriqueño *Puerto Rican*

el bilingüismo *bilingualism*
  bilingüe *bilingual*
  hispanohablante *Spanish-speaking*
  hispanoparlante *Spanish-speaking*

el bracero *farm worker, farm laborer (Mex.)*
la mano de obra *work force*
el obrero (migratorio) *(migrant) worker*

  adaptarse *to adapt*
  asimilarse *to assimilate*
  establecerse *to establish oneself*
  mantener (ie) *to support, maintain*

la cuota *quota*
  emigrar *to emigrate*
    el emigrante *emigrant*
  inmigrar *to immigrate*
    el inmigrante *immigrant*

INTERCAMBIOS

Minorías y mayorías

A. Imagine que Ud. tiene que dejar su patria por razones políticas y económicas. Decide emigrar a otro país, aunque no habla la lengua y no conoce a nadie allí. Con sus compañeros de clase,...

- Preparen una lista de las áreas de su vida que serán (*will be*) afectadas por la emigración.
- Especifiquen dos maneras en que la emigración afectará (*will affect*) cada una de estas áreas.
- Pónganlas en orden de importancia según las dificultades que Uds. creen que estas dos áreas van a presentarle a Ud. y a su familia en el proceso de adaptación.

B. Ahora que Ud. está en su nuevo país, descubre que es miembro de un grupo minoritario... no sólo por su desconocimiento de la lengua del país, sino también por su nivel de vida, su manera de vestir, su aspecto físico y otras manifestaciones externas de su herencia étnica. ¿Qué va a tener Ud. que hacer para integrarse a la «clase media» mayoritaria del país? ¿Qué aspectos de su vida van a ser los más difíciles de cambiar?

C. Con frecuencia se sugiere la asimilación del grupo minoritario como manera de eliminar la discriminación por razón de raza o herencia étnica. ¿Qué implicaciones tiene este concepto de asimilación para un negro? ¿para una mujer? ¿para un chino? ¿para un hispano?

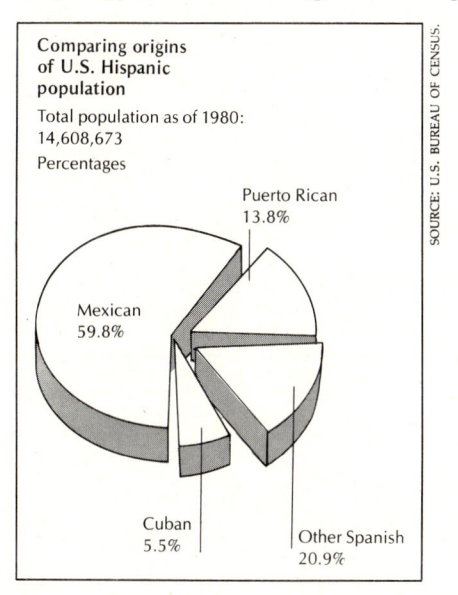

Comparing origins of U.S. Hispanic population
Total population as of 1980: 14,608,673
Percentages

- Mexican 59.8%
- Puerto Rican 13.8%
- Cuban 5.5%
- Other Spanish 20.9%

SOURCE: U.S. BUREAU OF CENSUS.

Comunicación creativa

A. Aquí hay unas palabras en español que tienen su origen en inglés. ¿Puede Ud. decirle a Luis la palabra en inglés que les ha servido de base? Todas son palabras utilizadas por algunos de los hispanos que viven en los Estados Unidos.

1. el loiseida
2. la rufa
3. vacunear
4. la marqueta
5. la saugüesera
6. la factoría
7. la grocería

B. De la misma manera, muchas palabras en inglés tienen su origen en el español. ¿Puede Ud. explicarle a Luis la palabra en español que dio origen a estas palabras en inglés?

1. lariat
2. savvy
3. vamoose
4. alligator
5. hoosegow
6. barbecue
7. buckaroo
8. cockroach

C. Explíquele a Luis el significado de las siguientes palabras que reflejan la contribución de varios grupos étnicos al crisol estadounidense.

1. pizza
2. the polka
3. fortune cookie
4. stein
5. wiener
6. wok

Cuotas e inmigrantes

A. Es cierto que todo país tiene que limitar la entrada de inmigrantes, pero no hay ningún acuerdo respecto al criterio para hacerlo. Trabajando en grupos de cuatro estudiantes, decidan qué criterios son más importantes a la hora de admitir o rechazar a los posibles inmigrantes.

1. la afiliación política
2. la preparación profesional
3. la edad
4. la salud
5. la raza
6. los antecedentes criminales
7. el país de origen
8. el nivel de educación
9. el tener parientes que ya viven en los Estados Unidos
10. la evidencia de ser víctima de persecución política o personal en su país de origen
11. las costumbres personales (preferencias sexuales, el uso de drogas, etcétera)
12. la religión
13. el tener una habilidad especial
14. el estatus social

Comparen las decisiones de todos los grupos. ¿Hay criterios sobre los que se está más de acuerdo? ¿menos de acuerdo? ¿Se puede formular una política que sea aceptable para todos?

B. Fórmense grupos de tres a cinco estudiantes. Cada grupo va a estudiar los antecedentes étnicos de otro grupo de individuos que todos conocen: por ejemplo, la gente que vive en cierto piso de una residencia, los habitantes de una casa de apartamentos, la gente que vive en una calle, los profesores de un departamento de la universidad, etcétera. Deben enterarse de cuándo llegaron los antepasados de cada individuo a los Estados Unidos, por qué salieron de su país de origen y cómo llegaron a la ciudad donde viven ahora. También deben averiguar la opinión de esas personas en cuanto a las cuotas que limitan la inmigración a los Estados Unidos. Luego comparen los resultados de todos los estudios. ¿Qué semejanzas y diferencias hay entre los grupos estudiados? ¿Hay algún acuerdo con respecto a las cuotas de inmigración?

Calle en la pequeña Habana, Miami, Florida

CAPITULO 9 LOS HISPANOS EN LOS ESTADOS UNIDOS

DULCES DIECISEIS. Una alegre fiesta conmemoró los "dulces dieciséis" años de existencia de la gentil señorita Michele Tuohey, hija del señor Donald Tuohey, vicepresidente del Commercial Bank and Trust Company, y señora, Magaly Ponce de León de Tuohey, muy apreciados miembros de los círculos de Miami Shores, y alumna consagrada del segundo año en Archbishop Curley High School, en donde se destaca en estudios de arte dramático, habiendo interpretado el papel de "Anna" en el "Diario de Anna Frank", y siendo también muy aplaudida en la obra musical "Jesuschrist Super Star". A la vez se dedica al estudio de idiomas y su nombre figura en la edición de 1982 de "Who's Who in America in Languages". Para la dulce cumpleañera, nuestras felicitaciones muy especiales y votos por que goce de muchos, y muy dichosos, años más.

horóscopo

Aries (marzo 21/abril 19) Hable con sus asociados sobre el negocio; esto le dará buenos resultados. Procure evitar esa tendencia a ser emocional. Tómelo todo con más calma. Evite una persona que gusta de mortificarle.

Tauro (abril 20/mayo 20) Ocúpese de lleno en su carrera y notará que muy pronto progresará. Tenga mucho cuidado con una persona que podrá perjudicarle.

Géminis (mayo 21/junio 20) Hoy están favorecidas las compras. Encontrará buenas oportunidades para aumentar sus ingresos. Organice sus cuentas y al mismo tiempo pague sus deudas.

Cáncer (junio 21/julio 22) Nuevos métodos en sus negocios tal vez han de traerle buenos resultados. Una persona que usted quiere podría desilusionarle.

Leo (julio 23/agosto 22) No permita que un compañero de trabajo le haga perder su tiempo en tonterías. Converse con sus asociados sobre cómo hacer más productivo su trabajo.

Virgo (agosto 23/septiembre 22) El día no es apropiado para entretenimientos. Se aconseja mucha cautela para evitar accidentes. Procure también cuidar su salud; esto es importante.

Libra (septiembre 23/octubre 22) Usted tiene muy buenas ideas, las cuales debe poner en práctica cuanto antes. Sea diplomático en su hogar; evitará problemas. Demuestre a sus familiares que los quiere.

Escorpión (octubre 23/noviembre 21) Procure arreglar todos esos asuntos familiares que le están dando tantos dolores de cabeza. Precaución es lo indicado para hoy. No se confíe de extraños.

Sagitario (noviembre 22/diciembre 21) Nunca mezcle el amor con los negocios; no ligan. Muéstrese valiente y trate de derribar cualquier obstáculo que se le presente.

Capricornio (diciembre 22/enero 19) Ponga su talento a trabajar y analice cómo podría ganar un mejor salario. El tiempo es oro, reza un refrán; no lo desperdicie tontamente. Por la noche, asista a alguna función social.

Acuario (enero 20/febrero 18) Esa ansiedad que tiene en relación con un compañero impedirá su progreso; olvídelo. El día se presta para visitar sus familiares.

Piscis (febrero 19/marzo 20) Aléjese de esa persona que es muy exigente. Converse francamente con aquéllos que puedan asistirle. Recuerde lo importante que es la salud; cuídese.

¡Qué Comida!

T.V. Desayuno Especial

$1.89

2 Huevos
2 Tiras de bacon
Hash browns
Tostadas

No sustituciones

International House of Pancakes Restaurant

Disponible Lunes a Viernes, excepto días de fiesta, en los restaurantes participantes.
Tenemos Menu en Español en muchos de nuestros restaurantes.

Kevin Díaz, de 7 años, da un beso a Santa Claus

Niños latinos disfrutan a Santa bilingüe

El bilingüismo

A. Imagine que el Congreso de los Estados Unidos ha declarado que este país va a ser una nación bilingüe. Las lenguas oficiales van a ser el español y el inglés. Para llevar a la práctica esta decisión, el presidente ha nombrado un comité cuyo propósito es determinar los cambios que tienen que efectuarse. Con tres estudiantes haga una lista de los cambios que deben realizarse en los siguientes ministerios para conseguir el ideal de bilingüismo en los Estados Unidos.

   1. el Ministerio de Transportes
   2. el Ministerio de Educación
   3. el Ministerio de Estado
   4. el Ministerio de Defensa
   5. el Ministerio de Comercio
   6. el Ministerio de Salud y Servicios Humanos

B. La Cámara de Comercio (*Chamber of Commerce*) de su ciudad quiere atraer a la zona más turistas de habla española. Con este fin quiere preparar un manual para turistas que pueda distribuirse en los hoteles y agencias de viajes de varios países extranjeros. Trabajando con tres estudiantes, hagan una lista de los aspectos de su ciudad o región que podrían (*could*) ser atractivos para los turistas de habla española: sitios de interés turístico o histórico, artículos interesantes que puedan comprarse, servicios especiales ofrecidos por los hoteles, bancos, etcétera. Hagan también una lista de las desventajas de la zona: falta de guías bilingües, ausencia de dependientes de habla española, etcétera. Por fin, decidan si su ciudad es en realidad un lugar atractivo para los turistas de habla española.

Temas para discutir

1. Imagine que Ud. es profesor(a) de español. ¿Cómo va a enseñar la lengua a estudiantes que no la han estudiado antes? ¿a estudiantes que ya la han estudiado dos años? ¿a los estudiantes que sólo la estudian por cumplir un requisito? ¿Es posible enseñar del mismo modo si los estudiantes son niños? ¿y si son mayores de cuarenta años? Explique.

2. ¿Cuáles son algunos de los argumentos que se dan a favor o en contra de la educación bilingüe? ¿Está Ud. a favor o en contra? ¿Por qué? ¿Qué significa la frase *black English*? ¿Cree Ud. que debe enseñarse en las escuelas? ¿Por qué sí o por qué no? ¿Cree Ud. que el uso del *black English* en las escuelas y la educación bilingüe son asuntos parecidos o que son dos cuestiones totalmente distintas? Explique.

3. ¿Qué quiere decir la palabra «discriminación»? Dé ejemplos de discriminación en el terreno social, político, económico y educativo. ¿Qué tipo de discriminación hace más daño al niño? ¿al adulto? Comente.

4. ¿Cree Ud. que haya mucha discriminación en contra de los hispanos en los Estados Unidos hoy en día? Si dice que sí, ¿es general esta discriminación o se centra en algunos grupos solamente? ¿Es una discriminación de tipo racial

```
          PELICULAS EN ESPAÑOL
                (VIDEO CASSETTES)
            642-7211 - 642-4475
             VENDEMOS Y REPARAMOS
          TELEVISORES ZENITH — RCA — ATARI
                     SERA'S
                    TeleVision
              2010 N.W. 7th ST.
```

o de tipo étnico? Algunos creen que todo grupo recién llegado a un país sufre discriminación a manos de los que nacieron allí. ¿Está Ud. de acuerdo? ¿Por qué sí o por qué no? ¿Se puede explicar así la discriminación en contra de los hispanos en los Estados Unidos? Explique. ¿Cree Ud. que la discriminación racial va desapareciendo en los Estados Unidos? ¿Cómo se puede explicar esto?

5. ¿Qué es un *illegal alien* (inmigrante sin documentos, «mojado» [*wetback*])? ¿Qué problemas produce la presencia de muchos inmigrantes ilegales en los Estados Unidos? ¿Por qué hay tantos inmigrantes ilegales? ¿Qué ventajas proporcionan al país? ¿Qué problemas experimenta el inmigrante ilegal? ¿Qué política debe adoptar el gobierno frente al problema de los inmigrantes ilegales? ¿Debe deportarlos? ¿permitir que se naturalicen todos? ¿dejarlos tales como están?

6. Imagine que Ud. y varios amigos han sido seleccionados para organizar la celebración del Tricentenario de los Estados Unidos (o el Bicentenario de la Estatua de la Libertad). ¿Qué tipos de actividades van a incluir? ¿Qué tipos de actividades quieren evitar? Explique.

Situaciones y papeles

A. Imagine que Ud. tiene que emigrar a otro país. Conteste las siguientes preguntas como si fuera emigrante.

1. ¿Adónde va a emigrar?
2. ¿Qué va a llevar consigo?
3. ¿Qué quisiera llevar consigo pero no puede?
4. ¿Qué va a dejar atrás que Ud. no quiere llevar?
5. ¿Qué datos tiene que aprender antes de llegar al otro país?

B. Ud. y un compañero de clase son miembros de un grupo universitario que está de acuerdo con las metas (*goals*) de la asociación de estudiantes hispanos. Preparen una lista de cinco recomendaciones que reflejen las preocupaciones de tal grupo y preséntensela al rector (*president*) de la universidad en forma de petición. Prepárense para defender sus demandas.

MODELO Pedimos que se patrocinen (*be sponsored*) programas de interés cultural para los hispanos porque así vamos a poder reconocer el valor de la cultura hispana y mostrar nuestro respeto hacia ella.

Aquí hay algunos temas que pueden ser de interés especial para los estudiantes hispanos.

1. un programa de estudios chicanos (puertorriqueños, cubanos)
2. el establecimiento de requisitos de admisión especiales para los hispanos
3. un aumento en el número de profesores chicanos en toda la universidad, y no sólo en el departamento de español
4. un número mínimo de estudiantes hispanos admitidos en toda la universidad
5. el conocimiento de una lengua extranjera como requisito para graduarse para todos los estudiantes
6. la declaración del Día de la Raza (el doce de octubre) como día festivo universitario
7. más ayuda económica para los estudiantes hispanos
8. el establecimiento de una «Casa Latina», una residencia sólo para estudiantes hispanos
9. un equilibrio racial en todas las residencias
10. cursos especiales de español para hispanohablantes que no tienen una preparación lingüística académica
11. algunas clases bilingües en todos los departamentos de la universidad
12. el patrocinio de programas de interés particular para los hispanos

C. Con dos estudiantes hagan el papel de una familia: padre, madre e hijo/a. Preparen un diálogo sobre uno de los siguientes temas y preséntenselo a la clase.

1. El hijo (La hija) decide casarse con una persona de otra raza.
2. El hijo (La hija) decide adoptar a un niño de otra raza.
3. El hijo (La hija), que está casado (casada) con una persona de otra raza, pide consejos a sus padres, ya que la pareja tiene problemas por sus diferencias raciales.

D. Se puede estereotipar a los estudiantes según la lengua que deciden estudiar. Los que estudian español son más alegres, los que estudian latín son muy serios, etcétera. Escoja una lengua, prepare la descripción de una persona que la estudia y luego preséntela a la clase. Sus compañeros van a adivinar la lengua en que se basa la descripción.

¡Debate!

Fórmense tres grupos de cuatro o seis estudiantes para debatir los siguientes temas. La mitad de cada grupo debe preparar los argumentos afirmativos, mientras la otra mitad prepara los argumentos negativos. Los otros estudiantes de la clase deben preparar preguntas para hacerlas durante los debates.

AFIRMATIVO

1. Todas las universidades deben de tener el requisito de estudiar una lengua extranjera porque ____.

2. Las compensaciones por la discriminación pasada deben de seguir ofreciéndose porque ____.

3. Se debe de fomentar la educación bilingüe porque el bilingüismo fomenta el biculturalismo. Es bueno que todos sean biculturales porque ____.

NEGATIVO

No debe de haber un requisito de estudiar una lengua extranjera en las universidades porque ____.

Se debe de acabar con las compensaciones por la discriminación pasada porque ____.

Se debe de acabar con la educación bilingüe porque impide la asimilación del individuo a la cultura mayoritaria. Es necesario que haya tal cultura porque ____.

¿Qué hace el Tío Sam del dibujo? ¿Qué representa la estrella? ¿Qué representa el sombrero? ¿Quién es el obrero? ¿Qué quiere que el Tío Sam haga? ¿Cree Ud. que haya acuerdo entre los puertorriqueños sobre esta cuestión? ¿Cree que Puerto Rico deba convertirse en un estado de los Estados Unidos? ¿Por qué sí o por qué no?

Informes orales

1. Prepare un breve informe sobre uno de los siguientes individuos o grupos. Incluya por lo menos los datos más importantes sobre su vida y describa su contribución a la cultura de los Estados Unidos.
   - a. Juan Ponce de León
   - b. el Padre Junípero Serra
   - c. Mauricio Ferré
   - d. César Chávez
   - e. Alvar Núñez Cabeza de Vaca
   - f. Alberto Salazar
   - g. Anthony Quinn
   - h. Menudo
   - i. José Feliciano
   - j. Rita Moreno

2. Entreviste a varios hispanos de primera o segunda generación, enterándose de sus antecedentes, de cómo llegaron a los Estados Unidos sus antepasados y de los problemas que han padecido (*suffered*). Luego prepare un informe breve sobre esas personas.

Composición

1. Escriba un ensayo comparando el primer grupo de inmigrantes cubanos que llegaron a los Estados Unidos inmediatamente después de la Revolución Cubana con los que llegaron en barco durante los últimos años. Debe considerar las razones que tuvieron para venir, su acogida (*reception*) por los Estados Unidos, su adaptación, etcétera.

2. Comente la siguiente afirmación, dando ejemplos: (No) Es posible que un grupo se asimile a otro sin perder su propia cultura.

CAPITULO DIEZ

HABITOS Y DEPENDENCIAS

PRIMER PASO

Describir y comentar

1. ¿Qué hace el señor calvo (*bald*)? ¿Qué tipo de persona será?
2. ¿Qué hace el hombre que está al lado de la mujer morena? ¿Cómo serán ellos? ¿Por qué cree Ud. eso? ¿Por qué cree que fuman?
3. ¿Qué hacen los dos jóvenes? ¿y el hombre de la derecha?

4. ¿Qué hace el niño? ¿Qué bebe? ¿Por qué estará el niño en la fiesta?
5. ¿Por qué tienen cara de disgustados algunos de los invitados?
6. ¿Quién es el señor que lleva la bandeja (*tray*)? ¿Qué hay en la bandeja?
7. ¿Quién será la persona que da la fiesta? ¿Qué relación tendrá con los invitados?

Vocabulario para conversar

el bar *bar*
el barbitúrico *barbiturate*
la boquilla *cigarette holder*
el calmante *"downer," depressant*
la caña/paja *straw*
la ceniza *ash*
    el cenicero *ashtray*
la cerilla/el fósforo *match*
la cerveza *beer*
el coctel *cocktail*
el coñac *brandy*
la copa *wine glass; drink*
  dar fuego *to give a light*
  drogarse *to take drugs; to get high*
la embriaguez/la borrachera
    drunkenness
el estimulante *"upper," stimulant*
la gaseosa/el refresco *soda*

la ginebra *gin*
la jerga *slang*
la mariguana *marijuana*
    masticar *to chew*
el mechero *lighter*
la pipa *pipe*
el pitillo *(slang) cigarette*
el rapé *snuff*
la receta *prescription; recipe*
el ron *rum*
la sobredosis *overdose*
las tapas *hors d'oeuvres*
  tener una resaca *to have a hangover*
el tranquilizante *tranquilizer*
el vino blanco *white wine*
    el vino tinto *red wine*
el whiski (escocés) *whisky*

INTERCAMBIOS

Manual para estudiantes extranjeros

Imaginen Uds. que están preparando un manual para estudiantes extranjeros que acaban de llegar a los Estados Unidos. Preparan ahora el capítulo sobre el consumo del alcohol, de las drogas y del tabaco en este estado y en el *campus* de Uds. Completen la siguiente lista de términos generales, incluyendo toda la información que los estudiantes extranjeros deben saber sobre este tema.

1. dónde se venden el tabaco y el alcohol
2. las restricciones legales sobre el fumar, el beber y el consumo de drogas
3. las restricciones sociales sobre el fumar, el beber y el consumo de drogas
4. ¿otro?

Enviciados y vicios

A. Todos formamos opiniones o estereotipos de otras personas según sus hábitos. ¿Cómo serán los siguientes individuos física y psicológicamente?

1. el que fuma una pipa
2. el que fuma cigarros
3. la persona—hombre o mujer—que usa rapé
4. una fumadora de pipa
5. una persona que fuma con una boquilla
6. una persona que mastica tabaco

¿Qué le dice el hijo a su padre? ¿Qué quiere hacer el padre? ¿Cómo justifica su hábito? ¿Cree Ud. que la avanzada edad del padre es una justificación para su adicción al tabaco? ¿para otras dependencias? Cuando Ud. tenga ochenta años, ¿va a permitirse el lujo de tener algunos vicios?

B. También estereotipamos a los demás según las bebidas que toman o no toman. ¿Cómo serán los siguientes individuos?

1. una persona que toma *Dr. Pepper*
2. una persona que toma *Ripple*
3. una persona que prefiere *Côtes du Rhone*
4. una persona que toma cerveza dietética
5. una persona que toma *Budweiser*
6. una persona que toma whiski
7. una persona que siempre pide *Perrier*
8. una persona que no toma nunca ninguna bebida alcohólica

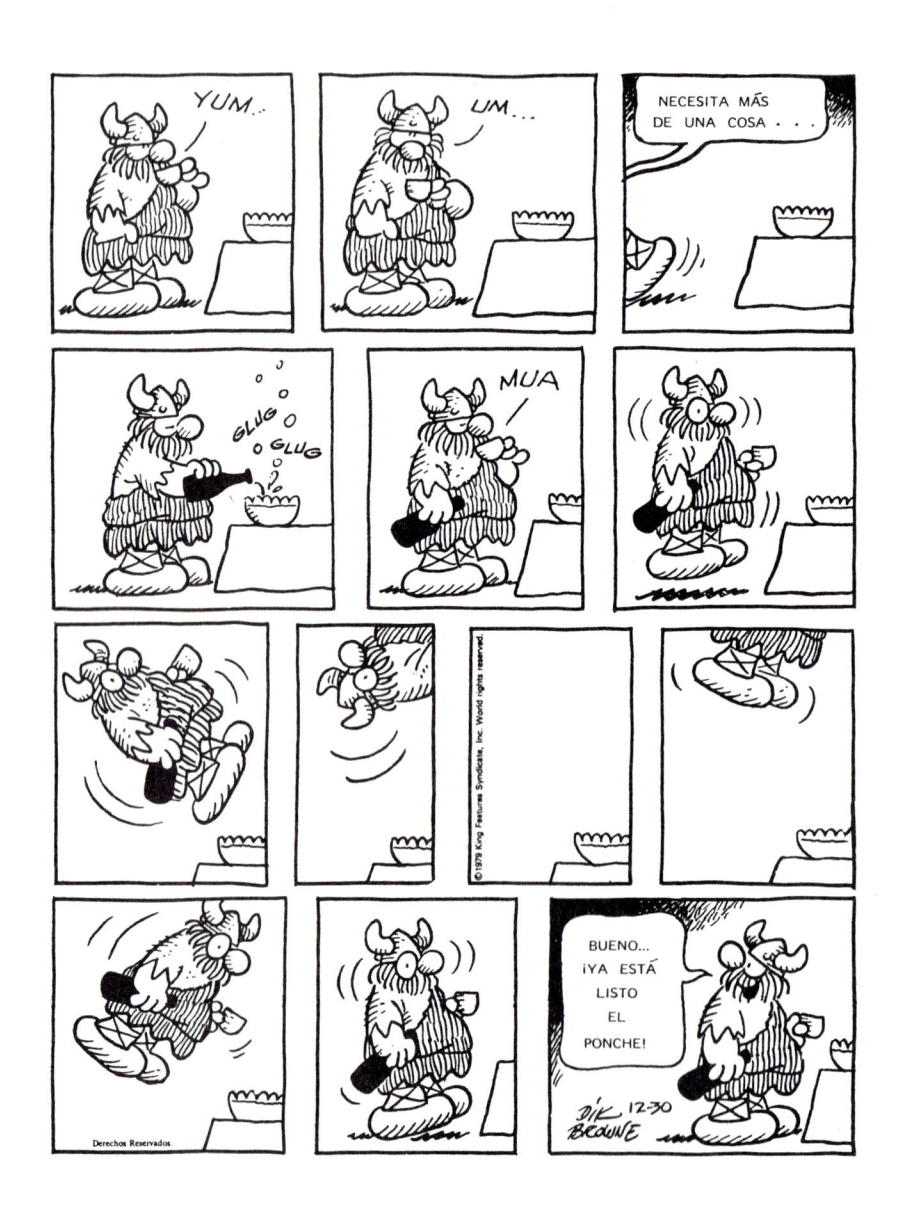

C. Describa la evolución de una persona que empezó a beber a los quince años y que ahora tiene 45 años. ¿Cuál sería su primera bebida? ¿Qué bebidas tomaría durante las diversas etapas de su vida? Explique.

D. Comente los lugares que se ven en estos dibujos. ¿Qué clase de persona será el cliente típico de cada sitio? Explique su respuesta.

Cuando Ud. desea estar con sus amigos, ¿tiene un lugar al que le guste ir? ¿Cuál es? ¿Cómo es? ¿Por qué lo prefiere?

Temas para discutir: El alcohol y el tabaco

1. ¿Qué es el alcoholismo? ¿En qué se diferencian un alcohólico y un borracho? ¿Hay una epidemia de alcoholismo en los Estados Unidos? ¿Es más frecuente el alcoholismo en ciertos grupos? ¿Son semejantes o diferentes el hombre alcohólico y la mujer alcohólica? ¿Son semejantes o diferentes los motivos de su alcoholismo?

2. Se dice que el alcoholismo es muy común entre los adolescentes. ¿Por qué será? ¿Qué métodos hay para curar el alcoholismo? ¿En qué consisten las organizaciones *AA* y *Al-Anon*? ¿Se han cambiado recientemente las actitudes hacia el alcoholismo? ¿Qué es la organización *MADD*? ¿Qué efecto ha tenido en el consumo de alcohol o en las actitudes hacia su consumo?

3. En varios estados se ha hablado de establecer un *check lane* en algunas de las carreteras más usadas. Según esto, la policía pararía cierto número de automovilistas, escogidos al azar (*at random*), para averiguar si conducen bajo la influencia del alcohol. ¿Qué piensa Ud. de este programa? ¿Cree Ud. que sería una manera efectiva de evitar que la gente conduzca en estado de embriaguez? ¿Por qué sí o por qué no? ¿Qué solución ofrecería Ud.?

4. Describa la actitud de la sociedad hacia los miembros de los siguientes grupos.

   a. un *wino*
   b. un *closet drinker*
   c. un hombre borracho
   d. una mujer borracha
   e. un joven borracho

   ¿Por qué cree Ud. que la actitud hacia ellos es diferente en los diversos casos?

Jinete (*Horseman*) andaluz tomando un trago (*drink*), España

5. ¿Cuál es la actitud hacia el tabaco en los Estados Unidos? ¿Cuál es la postura del gobierno? ¿Cree Ud. que se declarará ilegal algún día el tabaco? ¿Por qué sí o por qué no? ¿Son diferentes el alcoholismo y el uso habitual del tabaco? Explique.

Comunicación creativa

A. Explíquele a Luis lo que significan estas frases.

   1. hard liquor
   2. on the rocks
   3. to bust
   4. teetotaler
   5. cold turkey
   6. hangover
   7. on the wagon
   8. stoned
   9. straight up
   10. junky
   11. tipsy
   12. bombed
   13. feeling no pain

B. Luis sabe que los términos que tienen que ver con (*have to do with*) las drogas y el alcohol cambian rápidamente y que son diferentes en todas las partes del país, inclusive en los distintos barrios de una misma ciudad. Quiere aprender la jerga que se usa donde Uds. viven y el significado de cada término. Hágale una lista explicando en español cada palabra o frase.

Situaciones y papeles

Aquí hay cuatro casos jurídicos. La clase debe dividirse en grupos de siete estudiantes para examinarlos. Tres estudiantes en cada grupo formarán el jurado (*jury*), y los otros harán los papeles de acusado y de testigos. En cada grupo el acusado y los testigos deben presentar su testimonio al jurado de la manera más convincente que puedan. Los jurados tienen el derecho de hacer preguntas para aclarar el testimonio. Por fin, los miembros del jurado deben discutir el caso entre sí y explicar su decisión a la clase, estableciendo la inocencia o la culpabilidad del acusado y dando una sentencia si es necesario.

A. Un hombre es acusado de causar un choque mientras estaba en estado de embriaguez.

   1. El acusado: un hombre de 40 años. Se declara inocente.
   2. El querellante: una mujer de 35 años. Insiste en que vio cuando el carro del acusado chocó con su coche, que estaba estacionado.
   3. Un testigo: una joven de 18 años. Dice que el carro del acusado no chocó con el carro del querellante.
   4. Un policía: Llegó después del pretendido (*alleged*) accidente y le hizo la prueba de alcohol (*breath test*).

"NO SE... NO CREO QUE MIS ALUMNOS ESTEN PENSANDO EN ESO DE LAS DROGAS... ME PARECE QUE NO."

LA DROGADICCION ES UN PROBLEMA MUY SERIO QUE SOLO PUEDE COMENZAR A SOLUCIONARSE SI RECONOCEMOS LO PRINCIPAL. QUE EXISTE.

Pregunte a quienes están especialmente preparados para responder:
CE.NA.RE.SO., Centro Nacional de Reeducación Social.
Combate de los Pozos 2133 - (1245) Buenos Aires. Tel.: 26-0092 al 99

CAMPAÑA DE BIEN PUBLICO DE LA ASOCIACION ARGENTINA DE EDITORES DE REVISTAS CON LA COLABORACION DE LAS EMPRESAS AFILIADAS Y DE PEDRO BORIO & ASOCIADOS S.A. DE PUBLICIDAD.

B. Por casualidad se descubre en una residencia a dos estudiantes universitarios que fuman mariguana en su cuarto.
   1. El primer estudiante acusa a la policía de haber hecho un registro ilegal.
   2. El segundo estudiante se defiende con el argumento de la legalización de la mariguana.
   3. El padre de uno de los estudiantes comenta la moralidad de su hijo.
   4. El policía universitario que los descubrió describe lo que encontró y cómo lo encontró.

C. Un joven de 14 años es acusado de ser traficante de drogas en un *junior high*.
   1. El joven presenta varias defensas.
   2. Un estudiante habla del carácter del acusado.
   3. Una maestra de 60 años se presenta como testigo. Ella presenció la venta de drogas.
   4. El director de la escuela comenta el problema de las drogas en la escuela.

D. Un alcohólico es acusado de robar el estéreo de su vecino.
   1. El alcohólico se defiende diciendo que estaba drogado y que por eso no es responsable de lo que hizo.
   2. El querellante se queja de la necesidad de tener leyes más estrictas para proteger a los ciudadanos inocentes.
   3. El director de un programa de reforma de alcohólicos habla de la participación del acusado.
   4. El policía que detuvo al acusado explica lo que pasó.

Temas para discutir: Las drogas

1. ¿Qué es una «droga»? ¿Cuáles son las diferentes clases de drogas? ¿Cuáles son las más peligrosas? ¿las menos peligrosas? ¿las más usadas? ¿Hay una diferencia entre las drogas que se consiguen con receta y las que se compran sin receta? Explique. Se dice que muchas personas toman drogas sin darse cuenta de que se han convertido en toxicómanos. ¿Es cierto esto? ¿Por qué se dice esto?

2. Unas drogas se usan en ciertos grupos y en otros, no. Haga una lista de las drogas cuyos nombres Ud. conoce y describa el grupo con que se asocia cada una dentro de la sociedad norteamericana.

3. A veces los adolescentes experimentan con sustancias que no son drogas pero que sin embargo se usan para alterar la percepción de la realidad. ¿Cuáles son algunos de estos productos? ¿Cómo los usan los adolescentes?

4. ¿Por qué cree Ud. que la gente experimenta con drogas? Si Ud. fuera padre (madre) de un adolescente, ¿qué consejos le daría sobre el uso de las drogas? Si supiera que un hijo suyo fumaba mariguana, ¿qué haría Ud.? ¿Haría lo

mismo con una hija o sería distinta su conducta con ella? ¿Y si su hijo o hija tomara cocaína?

5. ¿Qué es la toxicomanía? ¿En qué se diferencia del alcoholismo? ¿Hay diferentes clases de toxicomanía? ¿Qué significa la frase «adicción psicológica»? ¿Qué métodos hay para curar la toxicomanía? En su opinión, ¿cuáles son los mejores? Explique. En general, ¿cree Ud. que el consumo de drogas está aumentando en los Estados Unidos? ¿Las consumen ahora las mismas personas que las consumían antes? ¿Es la droga de mayor consumo ahora la misma que antes?

6. ¿Dónde se producen o se cultivan las diversas drogas que Ud. conoce? ¿Qué hace el gobierno de los Estados Unidos para impedir la producción o la importación de las drogas? ¿Qué más puede o debe hacer?

7. Hoy en día ciertas organizaciones exigen una prueba médica para averiguar si uno de sus miembros está consumiendo drogas o no. ¿Sabe Ud. cuáles son algunas de estas organizaciones? ¿Qué argumentos se dan a favor o en contra de las pruebas? ¿Se debe de limitar a sólo ciertos grupos? ¿Cuáles? Explique.

8. Mire el anuncio de la página 142. ¿Qué hay en el anuncio? ¿Por qué tiene una venda (*blindfold*)? ¿Qué significa? ¿Hay muchas personas como este hombre en los EEUU? ¿Por qué sí o por qué no? ¿Qué consecuencias tiene su actitud? ¿Qué se puede hacer para cambiarla?

9. La tabla a continuación resume los resultados de una encuesta que se hizo en España en 1983 sobre el libre consumo de las drogas blandas.

A FAVOR O EN CONTRA DE QUE LOS ADULTOS PUEDAN CONSUMIR LIBREMENTE HACHIS Y MARIHUANA (EN %)	
Más bien a favor	19
Más bien en contra	74
No sabe	6
No contesta	1

CONSUMO LIBRE DE HACHIS Y MARIHUANA

	% A favor	% En contra	% No sabe, no contesta
SEXO			
Hombres	23	70	7
Mujeres	15	77	7
EDAD			
Hasta 25 años	47	46	7
De 26 a 40 años	26	67	8
De 41 a 60 años	8	85	7
Más de 60 años	3	88	9

	%		
	A favor	En contra	No sabe, no contesta
ESTUDIOS			
Sin estudios	8	85	7
Primarios	15	78	7
Medios	35	57	8
Superiores	37	57	6
SITUACION LABORAL			
Trabajo	24	69	7
Parado	39	48	7
Jubilado	2	86	12
Estudiante	50	45	5
Sus labores	9	85	6
OCUPACION			
Empresarios y directores	15	80	5
Pequeños empresarios, vendedores	16	80	4
Empleados, cuadros medios	33	59	8
Labradores	19	72	9
Obreros	20	69	11
HABITAT			
Menos de 2.000 habitantes	12	80	8
2.000 a 10.000 habitantes	18	74	8
10.000 a 100.000 habitantes	19	74	7
100.000 a 400.000 habitantes	17	73	10
400.000 a 1.000.000 habitantes	15	85	0
Más de un millón de habitantes	25	68	7
RELIGIOSIDAD			
Católico practicante	10	84	6
Católico no practicante	22	69	9
Indiferente	53	38	9
No creyente	58	35	7
IDEOLOGIA			
Extrema izquierda	58	37	5
Izquierda	28	62	10
Centro	8	86	6
Derecha	5	95	0
Extrema derecha	12	84	4

Según la tabla,...

a. ¿cuáles serían las características (el sexo, la edad, la situación laboral, etcétera) de la persona que más apoya el libre consumo de las drogas blandas?
b. ¿cuáles serían las características de las personas que más lo rechazan?
c. ¿cuál de los factores parece corresponder mejor con la actitud hacia el consumo de drogas?

Si Ud. hiciera una encuesta semejante en los EEUU, ¿serían semejantes los resultados? Explique. Si hiciera la encuesta sobre el consumo de drogas duras, ¿cómo serían los resultados?

◩ ESTRATEGIAS PARA LA COMUNICACION ◩

Me siento mal

OR

Handling Health Problems

Eating new foods, changes in your routine, the occasional accident... Any of these situations may cause you to need medical attention when traveling in another country. Here are some useful expressions for explaining your symptoms.

Me siento... mal/fatal
 débil
 mejor/peor
 con fiebre/náuseas
 algo indispuesto (*unwell*)

Me pica (*irritates*) la garganta.
Me pica (*itches*) la piel.
Siento unos pinchazos (*sharp pains*) en el estómago.

Tengo { infectado/a, inflamado/a, hinchado/a, roto/a } el diente
 las encías (*gums*)
 el dedo
 la herida (*wound*)
 el pie, el brazo

Tengo... fiebre
 escalofríos (*chills*)
 diarrea
 náuseas
 alergia a...

Tengo... una ampolla (*blister*)
 un rasguño (*scratch*)
 una cortadura (*cut*)
 una lesión (*injury*)
 una infección
 una erupción (*rash*)
 todo el cuerpo dolorido (*aching*)
 un dolor de... estómago
   garganta
   cabeza
   oído

Estoy... congestionado (constipado) (*congested, stuffed-up*)
 estreñido (*constipated*)
 sangrando (*bleeding*)

Creo que voy a devolver (vomitar, arrojar).

Creo que hay que poner... una tirita (*band-aid*)
puntos (*stitches*)
una inyección
un vendaje (*bandage*)

Practice the preceding expressions in these activities.

A. Describa los síntomas que acompañan las siguientes enfermedades o heridas. ¡OJO! Recuerde las estrategias para expresar las palabras o expresiones que no sabe decir con exactitud.

1. la gastritis (*acute indigestion*)
2. la varicela (*chicken pox*)
3. un resfriado/catarro (*cold*)
4. una picadura de abeja (*bee sting*)
5. la apendicitis
6. la gripe (*flu*)
7. una resaca

B. **¡Necesito compañero!** Con un compañero, prepare una pequeña dramatización de una de las siguientes situaciones.

- You're in a hotel in a small town. You wake up in the middle of the night with severe stomach cramps. You call the front desk and try to convince the desk clerk to call the doctor. The desk clerk (worried that the hotel food will be blamed) doesn't really want to call the doctor.
- You're travelling with a young child who falls and cuts her head. You take her to the emergency clinic, but there is a long line. You try to convince the receptionist that your child needs immediate attention.
- A Hispanic friend is visiting you in the United States. One day he/she returns home hobbling badly because of a twisted ankle. Since your friend does not speak English, you have to act as interpreter. First, find out from him/her exactly how the injury happened. Then, after a visit to the doctor, explain to your friend the treatment the doctor has suggested:
  - soak it twice a day in warm water
  - keep it tightly wrapped
  - don't put any weight on it for a week
  - if the swelling doesn't go down in a few days, come back

¡Debate!

Fórmense tres grupos de cuatro o seis estudiantes para debatir los siguientes temas. La mitad de cada grupo debe preparar los argumentos afirmativos, mientras la otra mitad prepara los argumentos negativos. Los otros estudiantes de la clase deben preparar preguntas para hacerlas durante los debates.

AFIRMATIVO

1. Debe haber (*There should be*) una edad mínima para beber y debe ser ___ años porque ___.

NEGATIVO

No debe haber una edad mínima para beber porque ___.

Jóvenes en un disco, Madrid, España

2. Los administradores de las escuelas públicas tienen el derecho de registrar los armarios (*lockers*) de los estudiantes—sin avisar ni pedir permiso—para buscar sustancias prohibidas porque ____.

Los administradores de las escuelas públicas no tienen el derecho de registrar los armarios (*lockers*) de los estudiantes—sin avisar ni pedir permiso—para buscar sustancias prohibidas porque ____.

Composición

1. Comente las ventajas y desventajas de la legalización de la mariguana.
2. Describa las ventajas y desventajas de la legalización de la heroína.
3. Algunos dicen que el gobierno no debe intervenir en el control de las drogas, del tabaco y del alcohol porque los individuos tienen el derecho a consumir lo que les dé la gana. Comente.
4. Explique el por qué del uso de drogas en todas las sociedades, desde las más primitivas hasta las más avanzadas cultural y científicamente.

CAPITULO ONCE

MANIFESTACION PIDIENDO EL CASTIGO DE LOS MILITARES RESPONSABLES EN EL CASO DE «LOS DESAPARECIDOS»,
BUENOS AIRES, ARGENTINA

LA LEY Y LA LIBERTAD INDIVIDUAL

PRIMER PASO

Describir y comentar

1. ¿En qué parte de los Estados Unidos tiene lugar la acción del dibujo? ¿Cómo lo sabe Ud.? ¿Qué edificios se ven?

2. ¿Qué están haciendo los dos vaqueros? ¿Qué les va a pasar? ¿Qué pasa en el banco? ¿y en el tribunal?
3. ¿Qué pasa en el bar? ¿en la tienda? ¿en el hotel?
4. ¿Quién llega al pueblo? ¿Qué le pasará?

Vocabulario para conversar

el abogado defensor *defense attorney*
el acusado *defendant*
  asaltar *to hold up*
    el asalto *holdup, robbery*
  asesinar *to kill, murder*
    el asesinato *murder*
    el asesino *murderer*
  atracar *to hold up; to mug*
    el atraco *holdup; mugging*
  castigar *to punish*
    el castigo *punishment*
la corrupción *corruption*
el chantaje *blackmail*
el delincuente *delinquent*
el detective *detective*
el espionaje electrónico *"bugging," wiretapping*
la estafa *fraud*
  el estafador *swindler*

la falsificación *forgery*
el fiscal *prosecuting attorney*
  hacer trampas *to cheat*
los juegos de azar *gambling*
el juez *judge*
la locura *insanity*
la pista *clue, trace*
la pistola *pistol*
la ratería de tiendas *shoplifting*
  el ratero de tiendas *shoplifter*
la rehabilitación *rehabilitation*
el rifle *rifle*
  robar *to rob*
    el robo *robbery*
sobornar *to bribe*
  el sobornador *briber*
  el soborno *bribe*
violar *to rape*
  la violación *rape*

INTERCAMBIOS

Crímenes, criminales y víctimas

A. Hay personas o grupos que se asocian más con ciertos crímenes. Determine qué delito—o delitos—podrían haber cometido las siguientes personas. Luego explique su suposición.

PERSONAS

1. **Estudiante universitario** de 20 años: notas regulares; uno de dos hijos de padres profesionales.
2. **Mujer de 65 años**: viuda; ama de casa; sin hijos; el marido tiene un empleo de poca importancia en una compañía pequeña.
3. **Padre de 45 años**: gerente de un banco; cuatro hijos.
4. **Joven de 17 años**: sin empleo; de padres pobres; ha terminado dos años de escuela secundaria.
5. **Madre de 28 años**: dos hijos; divorciada; ha estado dos años en la universidad.

DELITOS

el asesinato
el chantaje
la estafa
la falsificación
la ratería de tiendas
el robo
el terrorismo
la violación

En su opinión, si estas personas son declaradas culpables del delito que Ud. les ha asignado, ¿cuáles tienen mayor posibilidad de recibir una sentencia leve (*light*)? Comente.

B. Hay actos que la sociedad proscribe pero que algunos no consideran delitos. De los siguientes, ¿cuáles son delitos en su opinión? ¿En qué basa su decisión en cada caso?

1. la pornografía
2. la homosexualidad
3. faltar sin permiso a la escuela
4. la holgazanería (*loitering*)
5. la profanación de la bandera nacional
6. tirar papeles, latas, etcétera, en las zonas urbanas o rurales
7. la prostitución
8. matar a un criminal
9. maltratar a un animal
10. mentir
11. apostar (*to bet*)
12. hacer trampas

Los jóvenes y la ley

A. Hoy en día se dice que van en aumento los problemas de disciplina en las escuelas. ¿Cree Ud. que de veras ha habido un cambio en la conducta de los estudiantes? ¿En qué consiste este cambio? ¿Cuáles son esos problemas de disciplina? ¿Cómo cambian los problemas a medida que los alumnos pasan de la escuela primaria a la secundaria? ¿Qué ejemplos de mala conducta presenció Ud. cuando asistía a la escuela primaria o secundaria? ¿Cometió Ud. algún acto de indisciplina alguna vez? ¿Qué fue lo que hizo? ¿Se consideraba a sí mismo como un delincuente juvenil? Explique. ¿Cuáles son algunos de los estereotipos del delincuente juvenil?

B. ¿Hay problemas de disciplina en la universidad? ¿A qué se deberá esto? ¿Cree Ud. que las escuelas particulares tengan menor o mayor número de problemas disciplinarios? ¿y las escuelas religiosas? ¿Cómo se puede remediar el problema de la disciplina en las escuelas? ¿Cree Ud. que se debe permitir el castigo físico? ¿la expulsión? ¿Qué otros medios puede Ud. sugerir? ¿Deben participar más los padres en la búsqueda de una solución? ¿Son culpables los padres de la falta de disciplina de sus hijos? ¿Por qué sí o por qué no?

C. Ultimamente se ha propuesto que ciertos criminales adolescentes sean juzgados y castigados como si fueran adultos. ¿Por qué se habrá sugerido esto? Haga una lista de los argumentos que se han hecho a favor y en contra de esta propuesta. Luego, todos deben decidir si debe ser aprobada la propuesta.

D. También se ha propuesto recientemente que los padres paguen los daños causados por sus hijos menores de edad. Con un compañero, hagan dos listas: una de argumentos en favor y otra en contra de la propuesta. Luego decidan si están a favor o en contra. ¿Cuál fue el argumento que influyó más en su decisión?

La prevención del crimen

A. En algunas ciudades con un elevado índice de criminalidad, se han organizado grupos de ciudadanos para proteger a sus vecinos, como, por ejemplo, los *Guardian Angels* de Nueva York. Muchas personas se oponen a la formación de estos grupos, mientras que otras la defienden. Con un compañero, hagan una lista de las ventajas y desventajas de la formación de grupos para prevenir el crimen. Luego planeen la formación de un grupo de esta clase. ¿Qué medios usarán? ¿Quiénes formarán parte del grupo? ¿Qué límites se impondrán para evitar problemas?

B. Se habla mucho de por qué ciertos individuos cometen crímenes. También se podría preguntar por qué otros *no* los cometen. Haga una lista de los factores que nos motivan a obedecer la ley. Luego ponga los factores en orden de importancia para Ud.

C. Hay muchas maneras de prevenir el crimen y así resolver el problema del alto índice de violencia existente en la cultura norteamericana. ¿Cuáles de las

Antes de que un especialista en robo ponga las manos en su coche...

Ponga su coche en manos del especialista en auto-alarmas: Bosch

Auto-Alarma Bosch

En efecto: porque Bosch fabrica sus auto-alarmas con un elaborado sistema electrónico de funcionamiento seguro, lógico y eficaz.

Ante cualquier intento de robo la bocina sonará de forma intermitente durante 30 segundos y el motor de arranque o encendido quedarán bloqueados. Es decir: máxima seguridad.

Bosch es la marca especializada en auto-alarmas que le asegura la protección de su automóvil en los puntos clave.

Y todo por aproximadamente el 2 % del valor de su vehículo.

Técnica Bosch mejora su coche.
BOSCH

Pida folleto explicativo. Envíe este cupón a Robert Bosch Comercial Española, S. A. Embajadores, 146. Madrid-5.

AA-1

Nombre y Apellidos
Domicilio
Ciudad

siguientes medidas le parecen efectivas para prevenir el crimen? ¿Puede Ud. agregar otras?

el control de las armas de fuego
la pena de muerte
la eliminación del desempleo
el fallo del tribunal (*sentencing*) rápido

castigar a los padres por los delitos cometidos por sus hijos menores de edad

¿Se usan ya algunas de estas medidas en los Estados Unidos? ¿Por qué no se usan las demás?

Comunicación creativa

A. Explíquele a Luis el significado de las siguientes palabras.

1. habeas corpus
2. to frisk
3. the slammer
4. to plead the Fifth
5. cop
6. G-men
7. hit man
8. narc
9. white-collar crime

B. Luis quiere saber cómo se expresan estas palabras españolas en inglés. ¿Puede Ud. ayudarlo?

1. las esposas
2. el garrote
3. el delito
4. el hampa

Temas para discutir

1. Recientemente se han aprobado leyes que garantizan la indemnización de la víctima de un crimen. ¿Qué medidas puede tomar el gobierno para ayudar a las víctimas? ¿Cree Ud. que es la responsabilidad del gobierno indemnizar a los que sufren daños a causa de un crimen? ¿Por qué sí o por qué no?

2. Es evidente que la sociedad norteamericana es una sociedad violenta. ¿Qué aspectos de la cultura norteamericana demuestran una preocupación por la violencia? ¿Qué relación hay entre este tema y los siguientes grupos?

   white supremacists
   survivalists
   SWAT

   Grey Panthers
   Neighborhood Watch

3. Algunos creen que se podría disminuir la violencia si se controlara más la producción y la venta de armas. ¿Cree Ud. que este tipo de control es necesario? En su opinión, ¿qué tipo de control sería más efectivo? ¿Qué grupos se oponen al control de armas? ¿Por qué se oponen?

4. En muchos países europeos la policía no lleva armas. ¿Cree Ud. que esto sería posible en los Estados Unidos? ¿Cómo es la relación entre los ciudadanos norteamericanos y la policía? ¿Cómo se podría mejorar esta

relación? ¿Cree Ud. que la brutalidad policial es un problema serio en los Estados Unidos? Comente. Para mejorar las relaciones entre la policía y la población, se ha propuesto que todo ciudadano sirva como policía durante un breve período de tiempo. ¿Cómo mejoraría las relaciones este sistema? ¿Qué desventajas tiene?

5. ¿Es la violencia parte de la naturaleza humana o es un producto cultural? ¿Qué otras culturas son—o eran—más violentas que la cultura norteamericana actual? ¿y menos violentas?

6. Ha aumentado últimamente el terrorismo internacional. Describa Ud. algunos incidentes de este tipo. ¿Cuáles eran las demandas de los terroristas? ¿Piensa Ud. que el terrorista es diferente del criminal corriente? ¿Por qué sí o por qué no? ¿Qué medios se han usado para eliminar esta forma de terrorismo? ¿Qué otras medidas deberían ponerse en práctica?

7. ¿Qué opina Ud. de la legalización de los juegos de azar? ¿Qué motivos se citan para justificarla? ¿Qué argumentos se pueden ofrecer en contra de la legalización? Si los juegos de azar se han legalizado en su estado, comente los cambios que han ocurrido.

8. Mire el dibujo de la página 158. ¿Dónde están el padre y su hijo? ¿Vive allí también el hijo o sólo le hace una visita a su padre? ¿Cómo lo sabe Ud.? ¿En qué contexto es normal que un padre le diga estas palabras a su hijo? ¿Por qué son irónicas las palabras en este caso? ¿En qué sentido expresa el dibujo cierto pesimismo acerca del hombre y de la sociedad? ¿Está Ud. de acuerdo con este punto de vista? ¿Por qué sí o por qué no?

Podéis ver un par de asesinatos más y un atraco, pero después ¡a la cama!

Actividades colectivas

Fórmense grupos de tres a cuatro estudiantes para hacer las siguientes actividades.

Crimen y castigo

1. Hagan una lista de diez a quince delitos y pónganlos en orden de gravedad. Luego determinen qué criterio usó el grupo para ordenarlos.

2. La mitad del grupo debe hacer el papel de un juez liberal; la otra mitad, el papel de un juez conservador. ¿Qué castigo aplican los jueces a cada delito de la lista que Uds. hicieron antes? Decidan cuál de los castigos les parece más justo para cada delito.

3. Planeen una «cárcel modelo». Puede tener todo el equipo y personal que sea necesario. Luego comparen las propuestas de todos los grupos. ¿Cuál es la mejor de la clase?

4. El presidente ha nombrado una comisión para estudiar el problema del uso de aparatos electrónicos para espionaje y la grabación de conversaciones. Hagan Uds. el trabajo de la comisión, determinando cuándo debe ser legal el empleo de tales aparatos y los límites que se deben imponer a su uso.

Casos de conciencia

Lean las siguientes historias y comenten entre sí las preguntas que se hacen al final de cada una.

1. Una mujer estaba muriéndose de un tipo de cáncer muy raro. Sólo había una droga que la podía curar: una forma de radio (*radium*) descubierta hace poco por un boticario (*druggist*). La fabricación de la droga era costosa y el boticario solía venderla a sus clientes por diez veces más de lo que a él le costaba producirla. Con mucho trabajo, Juan (el esposo de la mujer enferma) pudo obtener la mitad del dinero para comprar el medicamento. Le pidió al boticario que se lo vendiera a un precio reducido o que por lo menos le permitiera pagarlo a plazos. Pero el boticario le dijo que no, afirmando que él mismo había descubierto la medicina y que quería hacer negocio con ella. Algunas noches después, Juan, desesperado, forzó la puerta de la farmacia y robó el medicamento para su mujer.

    - ¿Debió haber robado Juan el medicamento? ¿Por qué sí o por qué no?
    - ¿Es el deber de un esposo robar o cometer cualquier delito para salvar a su esposa si no le queda otro remedio? ¿Por qué sí o por qué no?
    - ¿Qué aspectos del caso deben tener en cuenta las autoridades?
    - Ya que no había ninguna ley que limitara los precios, ¿tenía el boticario derecho a cobrar tanto? ¿Por qué sí o por qué no?

2. Por un problema serio, dos hermanos necesitaban dinero para poder dejar su pueblo en seguida. Alex (el mayor, de 25 años) entró en una tienda y se llevó $500. Joe (el menor, de 22 años) fue a hablar con un viejo del pueblo que tenía fama de ser generoso. Le dijo al viejo que estaba muy enfermo y que necesitaba $500 para pagar los gastos de una operación. Aunque el viejo no lo conocía, le prestó el dinero. Joe prometió devolvérselo, aunque sin ninguna intención de hacerlo.

    - ¿Quién cometió el peor crimen, Alex o Joe? Expliquen.
    - Alex violó la ley, robando una tienda. ¿Por qué no se debe violar la ley?
    - Joe mintió. ¿Por qué no se debe hacer esto?
    - ¿Quién sufrió más, el dueño de la tienda robada o el viejo que le prestó dinero a Joe? ¿Por qué?
    - ¿Con quién debe ser más dura la ley, con el que roba abiertamente como Alex o con el que hace trampas como Joe? ¿Por qué?

Situaciones y papeles

A. Fórmense grupos para presentar dramas basados en los siguientes casos legales. El resto de la clase resolverá el caso.

  1. Se ha cometido un crimen. Uno de dos gemelos (*twins*) idénticos es el asesino, pero cada uno de ellos acepta la culpabilidad.
  2. Un padre divorciado ha secuestrado (*kidnapped*) a su hijo porque dice que la madre no le permite verlo y que esto lo perjudica a los ojos del hijo.

B. Usando el programa de *People's Court* como modelo, preparen una serie de casos que dramatizar ante el Señor Juez Wapner. Para cada caso se necesitarán por lo menos tres personas: los dos individuos del caso y el Señor Juez.

MODELO Un joven ha sido atacado por los perros de su vecino. Acusa al vecino de tener perros feroces. Demanda que se restituya el costo de un nuevo traje (los perros le destruyeron el que llevaba) y una recompensa por una visita al médico.

¿Es Ud. buen detective? (Parte una)

Mire el siguiente dibujo con mucha atención.

Ahora conteste las preguntas que aparecen al final de este capítulo. ¡No vuelva a mirar el dibujo!

¡Debate!

Fórmense tres grupos de cuatro o seis estudiantes para debatir los siguientes temas. La mitad de cada grupo debe preparar los argumentos afirmativos, mientras la otra mitad prepara los argumentos negativos. Los otros estudiantes de la clase deben preparar preguntas para hacerlas durante los debates.

AFIRMATIVO	NEGATIVO
1. Se debe abolir la pena de muerte porque ____.	No se debe abolir la pena de muerte porque ____.
2. Todo ciudadano debe servir como policía durante un breve período porque ____.	Sólo debe servir como policía el que quiere hacerlo y que tiene calidades específicas, porque ____.
3. La violencia es una consecuencia inevitable de la democracia porque ____.	La violencia no es inevitable en una democracia porque ____.

Informes orales

1. Prepare un breve informe sobre la Mafia. ¿Qué es? ¿Cuáles son sus orígenes? ¿Dónde actúa hoy en día? ¿Qué es lo que hace? ¿A qué se debe su existencia?
2. Prepare un breve informe sobre la ratería de tiendas. ¿En qué consiste? ¿Qué consecuencias tiene para el ratero? ¿para la tienda? ¿para los clientes de la tienda? ¿para la sociedad en general? ¿Qué motivos tienen los que lo hacen?

Jóvenes jugando en El Bronx, Nueva York

3. Prepare un breve informe sobre el índice de criminalidad existente en un país que no sea los Estados Unidos. Luego compárelo con el de este país.

Composición

Complete las siguientes oraciones con un párrafo bien desarrollado.

1. Yo (no) estoy de acuerdo con el dicho «*Crime doesn't pay*» porque _____.
2. Yo (no) creo que «los crímenes sin víctima» existen porque _____.

¿Es Ud. buen detective? (Parte dos)

1. ¿Qué pasa en la calle que hay enfrente del edificio municipal? ¿Cuántos carros se ven allí? ¿Puede Ud. dar el número de la matrícula de alguno de los automóviles?
2. ¿Cuántas personas hay en la tienda de ropa para señoras? ¿Qué hace una de las clientes? ¿Cómo es ella?
3. ¿Cuántas personas hay en el banco? ¿Qué hace el cajero? ¿Qué señal distintiva tiene el cajero?
4. En el tribunal, ¿quién es el acusado? ¿De qué se le acusa? ¿Qué clase de evidencia se está presentando? ¿Qué hora es?

¡OJO! Trate de contestar las preguntas sin volver a mirar el dibujo de la página 160.

¿Quién será el hombre del dibujo? ¿Qué tipo de violencia sugiere? ¿Sabe Ud. de casos de violencia que hayan sido motivados por causas semejantes? En tales casos, consideraron los jueces la violencia justificada o la declararon criminal? ¿Está Ud. de acuerdo con estas decisiones? ¿Por qué sí o por qué no?

CAPITULO DOCE

MAESTRA, BARCELONA, ESPAÑA

EL TRABAJO Y EL OCIO

PRIMER PASO

Describir y comentar

1. ¿Qué estación del año se ve en cada dibujo? ¿Cómo se sabe eso? ¿Qué deportes se practican?
2. ¿Qué equipo se necesita para practicar estos deportes? ¿Qué ropa especial se ve en los dibujos?

3. ¿Cuál(es) de estos deportes prefiere Ud.? ¿Por qué? ¿Cuál de los deportes le gusta menos o le interesa menos? ¿Por qué?
4. ¿Qué estación del año prefiere Ud.? ¿Por qué?

Vocabulario para conversar

LA PRIMAVERA

el campo *field*
correr *to jog*
el correr *jogging*
hacer gimnasia *to do gymnastics*
jugar (al) béisbol/tenis *to play baseball/tennis*
el leotardo *leotard*
la red *net*
saltar *to jump*
las zapatillas de tenis *tennis shoes*

EL OTOÑO

el casco *helmet*
jugar (al) fútbol (americano)/jai alai *to play soccer (football)/jai alai*
la lucha libre *wrestling*
la meta *goal*
pedalear *to pedal*
tirar *to throw*

EL VERANO

las gafas (de sol) *(sun)glasses*
hacer una caminata *to go hiking*
hacer camping, ir de camping *to go camping*
la mochila *knapsack, backpack*
nadar *to swim*
la natación *swimming*
pescar *to fish*
la caña de pescar *fishing rod*
la tienda de campaña *tent (camping)*
el tubo de snorkel *snorkel mask*

EL INVIERNO

el cesto *basket*
driblar *to dribble*
empatar *to tie (the score)*
ganar *to win*
jugar (al) básquetbol (baloncesto) *to play basketball*
patinar *to skate*
los patines *skates*

INTERCAMBIOS

Temas para discutir: Los deportes

1. ¿Practica Ud. regularmente algún deporte? ¿Cuál es? ¿En qué estación del año practica Ud. más deportes? Si Ud. pudiera ser campeón (campeona) en un deporte, ¿cuál sería?

2. ¿Prefiere Ud. los deportes individuales (como la gimnasia o el correr) o los deportes de equipo? ¿Por qué? Cuando Ud. practica un deporte, ¿lo hace para divertirse solamente o prefiere jugar compitiendo con otros? ¿Por qué?

3. En general, parece que en nuestra sociedad las mujeres participan menos en los deportes que los hombres. ¿Cree Ud. que esto se debe a la constitución biológica o a la influencia de la sociedad misma? ¿Puede ser una combinación de los dos factores? Justifique su opinión.

4. En su opinión, ¿resultan buenos *role models* para los jóvenes los atletas profesionales? ¿Por qué sí o por qué no?

5. Mire la tira cómica de la página 168. Describa brevemente al personaje de la tira cómica y luego narre lo que le pasa. ¿Qué consecuencias respecto a los deportes demuestra esta tira cómica? ¿Está Ud. de acuerdo? ¿Por qué sí o por qué no?

EL NIÑO RICO

A estos dos niños les gusta jugar en la arena pero, ¡qué diferencia entre su manera de construir castillos! Describa cómo son las palas que usa cada niño. ¿Hay otras diferencias entre los niños? ¿Cree que cuesta mucho una pala mecánica? De niño, ¿le gustaban más a Ud. los juguetes sencillos o los mecánicos? Y ahora, ¿cuáles son sus «juguetes» favoritos?

168 CAPITULO 12   EL TRABAJO Y EL OCIO

Comunicación creativa

A. Hay algunos deportes norteamericanos que son poco comunes en los países hispánicos—y viceversa. Descríbale los siguientes deportes a su amigo Luis, que no los conoce.

1. to throw a Frisbee
2. American football
3. surfing
4. skateboarding
5. barrel racing

B. A veces Luis tiene dificultades con el vocabulario deportivo en inglés, porque muchas veces se usa con sentido metafórico. Explíquele a Luis el significado no deportivo de estas expresiones.

1. to get to first base
2. to punt
3. to strike out
4. to throw someone a curve
5. to be in the home stretch
6. to throw in the towel

¿Puede Ud. dar más términos deportivos que se usan metafóricamente?

C. Cuando un país aprende un nuevo deporte, importado de otro país, a veces no existe el vocabulario necesario para describir las actividades del deporte. Por eso se tienen que inventar nuevas palabras. Por ejemplo, cuando los hispanos aprendieron el béisbol, el boxeo y otros deportes de los países angloparlantes, tuvieron que adaptar palabras inglesas al español. Esto se hizo a veces tomando palabras inglesas y cambiando un poco su pronunciación para que cupieran dentro del sistema fonético del español; a veces se cambiaron algunas letras también. ¿Qué significan las siguientes palabras? Defínalas en español.

1. el jonrón
2. fildear
3. pichear
4. el basque
5. el nocaut
6. el gol

El ocio y el trabajo

A. La vida de la mayoría de los adultos podría dividirse en cuatro aspectos.

- la vida profesional (el trabajo)
- la vida social (los amigos)
- la vida familiar (la familia nuclear)
- la vida personal (actividades, pasatiempos e intereses personales)

Alí en el país de las maravillas

¡VIENE EL JEFE! ¡RÁPIDO, TODOS A SUS PUESTOS!

VAYA, HOMBRE, OTRA VEZ A MONTARLE EL SHOW....

El Paseo en la Zona Rosa, Ciudad de México

¿Qué porcentaje debe ocupar el desarrollo de cada aspecto en la vida del ser humano? Explique. Ahora determine el porcentaje que Ud. cree que cada aspecto ocupa en la vida de los siguientes individuos.

- un político
- un médico
- un ama de casa
- un joven de 15 años
- un actor de cine
- un sacerdote

¿Qué problemas puede crear la manera en que cada individuo tiene que dividir su tiempo? ¿Cómo le gustaría a Ud. dividir su tiempo? ¿Cree Ud. que esto le va a afectar al seleccionar una carrera determinada?

B. Mire la siguiente tira cómica, teniendo en cuenta el hecho de que Felipe, el amigo de Mafalda, es un niño que sueña despierto (*daydreams*) con frecuencia. Explique Ud. lo que pasa en la tira cómica. ¿Qué indica eso sobre la actitud del niño hacia su tarea? En su opinión, ¿es un estudiante típico? ¿Por qué sí o por qué no? ¿Qué hará Felipe ahora? ¿Por qué piensa Ud. eso?

◨ ESTRATEGIAS PARA LA COMUNICACION ◨

¿Tiene Ud. una habitación?

OR

Making Travel Arrangements

When visiting another country, travellers find themselves in a number of predictable contexts. You already know many expressions related to food, money, health, and clothing. You will also need to be familiar with basic expressions related to making living arrangements. Here are some words and expressions useful for finding lodging and arranging for where you will stay.

    reservar una habitación (con anticipación)
    una habitación doble (sencilla/individual)
        con/sin baño
        con cama supletoria
        con pensión completa (*meals included*)
        con plan europeo (*only breakfast is included*)
        con aire acondicionado
        en el primer/segundo/tercer… piso*
        tranquila/que da a la calle/con vista

    habitaciones contiguas
    una conferencia (llamada a larga distancia)
    la cuenta
    el conserje (*desk clerk*), el recepcionista
    ¿A qué hora hay que dejar la habitación?
    ¿Dónde está el baño (el váter/el WC/los servicios)?
    ¿Cuánto es al día?
    ¿Puedo pagar con tarjeta de crédito (cheques de viajero)?
    Quisiera cambiar moneda. ¿Pueden cambiarme $100 a pesos/pesetas/… ?

Practice the preceding expressions in these situations.

A. Ud. viaja por España con sus padres. ¿Qué tipo de alojamiento (*lodging*) quiere arreglar? ¿Y si viaja con dos o tres compañeros de clase? ¿Qué preguntas se le deben hacer al recepcionista de un hotel en cada caso?

B. ◨ **¡Necesito compañero!** ◨ Con un compañero de clase, prepare una pequeña dramatización de cada una de las siguientes situaciones. ¡OJO! Puede ser necesario usar algunas de las estrategias que se han practicado antes.

   1. You and a friend have just arrived at your hotel. Check with the front desk about changing money and making a long-distance call. Find out if the call can be charged to your bill so that you don't have to pay for it immediately.

---

*Remember that English *first floor* corresponds to Spanish **la planta baja**; **el primer piso** refers to the *second floor*, **el segundo piso** refers to the *third floor*, and so on.

2. You and your friend find that your room faces a very noisy street. Besides that, the faucet leaks, the air conditioning doesn't work, and the room is quite small. Call the front desk and try to convince the **recepcionista** to give you another room at the same price. This will not be easy, since it is a holiday weekend and the hotel is almost (but not quite) full.
3. You are ready to check out. You find that the bill has several errors, including several charges for phone calls you didn't make. Work this out with the **recepcionista**.

Las profesiones

La mayoría de los siguientes profesiones y oficios tienen palabras cognadas en inglés. ¿Puede Ud. adivinar su significado?

el abogado/la mujer abogado	el hombre/la mujer de negocios
el actor/la actriz	
el ama de casa*	el juez/la mujer juez
el/la artista (de cine)	el maestro/la maestra
el/la astronauta	el médico/la médica
el auxiliar de vuelo/la azafata	el misionero/la misionera
el barbero/la barbera	el/la modelo
el bibliotecario/la bibliotecaria	el panadero/la panadera
el bombero/la bombera	el pastor/la pastora
el camarero/la camarera	el/la periodista
el científico/la científica	el/la piloto
el cocinero/ la cocinera	el policía/la mujer policía
el consejero/la consejera	el profesor/la profesora
el contador/la contadora	el sacerdote/la mujer sacerdote
el dependiente/la dependienta	
el/la electricista	el secretario/la secretaria
el enfermero/la enfermera	el soldado/la mujer soldado
el fontanero/la fontanera	

1. ¿Puede Ud. dar una breve definición en español de cada profesión u oficio que se nombra en la lista anterior?

2. De las profesiones que se mencionan, ¿cuáles se asocian más con los hombres? ¿y con las mujeres?

3. ¿Cuáles son las profesiones más antiguas? ¿las más internacionales? ¿Cuáles requieren una preparación universitaria?

---

*The singular masculine definite and indefinite articles are used with **ama de casa** (*homemaker*), since **ama** begins with a stressed **a**: **el ama de casa, un ama de casa**.

4. Cuál es la profesión más peligrosa? ¿la más aburrida? ¿la más agradable? ¿la más desagradable? ¿la más prestigiosa? ¿la que proporciona más dinero?

5. Presente a la clase la descripción de lo que hace una persona que ejerce cierta profesión... sin nombrar la profesión. Sus compañeros identificarán la profesión a que Ud. se refiere.

6. Ahora describa el uniforme o traje que se asocia normalmente con cierta profesión. ¿Pueden adivinar sus compañeros la profesión a que Ud. se refiere?

Carreras e individuos

A. Cuando son muy pequeños, la mayoría de los niños quieren ser bomberos o barberos o policías o médicos. Muchas veces, cuando no pueden decidir, afirman que quieren ejercer *todas* esas profesiones. ¿Qué carrera quería Ud.

Describa Ud. lo que pasa en el dibujo. ¿Quiénes son las personas? ¿Cuál es la relación entre ellas? ¿Ejerce el mayordomo una profesión de mucho o poco prestigio? ¿Qué características suele atribuírsele? Si Ud. fuera la viejita del dibujo y quisiera poner un anuncio en el periódico para encontrar un mayordomo, ¿cómo completaría esta oración? «Se busca hombre _____.»

ejercer cuando era niño? Una persona debe escribir en la pizarra las profesiones nombradas por los miembros de la clase. ¿Qué profesión se nombra con mayor frecuencia? ¿Por qué cree Ud. que tantos niños quieren ejercer esa profesión? ¿Qué profesión se nombra menos? ¿Cómo se explica esto? ¿Cuántos de Uds. todavía quieren ejercer la profesión que preferían de niños? Los que han cambiado de idea deben explicar por qué.

B. ¿Qué cualidades de la columna A son características indispensables de las personas que ejercen las profesiones de la columna B? Explique.

A		B	
la fuerza física	la inteligencia	abogado	modelo
la paciencia	la afabilidad	médico	piloto
la destreza física	la curiosidad	secretario	militar
la capacidad de organización	la imaginación	dependiente	sacerdote
la ambición	la facilidad verbal	basurero	pintor
la astucia	la valentía	bombero	atleta
la independencia	la agresividad	científico	cirujano
		escritor	maestro
		político	profesor

Ahora ponga en orden las profesiones de la columna B según el mayor o menor prestigio que tienen dentro de la sociedad. ¿A qué se debe ese prestigio o su falta? ¿al salario que gana una persona que ejerce esa profesión? ¿a la fama? ¿a los años de preparación necesarios? ¿Está Ud. de acuerdo con el prestigio que tiene cada profesión? ¿Hay profesiones que deben tener más prestigio? ¿menos? Comente.

C. A veces lo más atrayente de una profesión son las condiciones de trabajo o la satisfacción personal que la profesión proporciona al individuo. Aquí hay una lista de beneficios y condiciones de trabajo. Con un compañero de clase, elija los cuatro más importantes y los cuatro de menor importancia. Luego explique su decisión a la clase.

poder resolver un grave problema internacional
tener un conocimiento perfecto del campo
la seguridad económica para el resto de la vida
ser el jefe de la compañía
el respeto y la admiración de los compañeros de trabajo
la oportunidad de viajar mucho
horas flexibles de trabajo
compañeros de trabajo simpáticos
un trabajo interesante y siempre variado

poder trabajar en casa
mucha (poca) responsabilidad
la fama mundial
un salario muy alto y mucho prestigio
tres meses de vacaciones todos los años
un trabajo que sólo Ud. puede hacer
tener un trabajo seguro para el resto de la vida
aportar algo importante a la sociedad
un lugar cómodo y bonito en que trabajar

INTERCAMBIOS **175**

urbanista, arquitecto, constructor, promotor...

Al proyectar las ciudades
en que vivimos
piense en el minusválido
y elimine
las barreras arquitectónicas.

SEREM MINISTERIO DE SANIDAD Y SEGURIDAD SOCIAL

176 CAPITULO 12 EL TRABAJO Y EL OCIO

Actividades colectivas

Fórmense grupos de tres a cuatro estudiantes para hacer las siguientes actividades.

La preparación universitaria ideal

1. Preparen un plan de estudios para todos los estudiantes de su universidad. ¿Habrá requisitos para graduarse? ¿cursos electivos? ¿En qué va a consistir una especialización? ¿Puede elegir el estudiante un segundo campo de especialización? ¿Cuántas horas de clase tendría que cumplir antes de graduarse? ¿Tendrá un papel la práctica de deportes?

2. Preparen un nuevo sistema de notas para su universidad. ¿Debe haber exámenes o no? ¿En qué deben basarse las notas? ¿Cómo sería la escala de notas? ¿Deben incluirse el «más» y el «menos»? ¿Qué representan las notas? ¿Debe considerarse como nota buena una C?

3. Describa los atributos de los siguientes aspectos de la universidad:
   a. un buen profesor
   b. un buen estudiante
   c. una buena universidad

   ¿Cuál de ellos es el más importante para asegurar la buena preparación del estudiante? Prepárense para defender su selección.

La selección de la carrera

1. Describan al hombre de negocios ideal. ¿Qué atributos tiene? ¿Cómo es físicamente? ¿Qué antecedentes familiares, económicos, etcétera, tiene? Luego hagan el retrato de la mujer de negocios ideal. ¿En qué se parecen y se diferencian los dos retratos?

2. Cada persona debe preparar una descripción autobiográfica anónima, siguiendo el formulario de la página 177 o diseñando otro más apropiado. Después, las descripciones deben distribuirse entre los grupos. Cada grupo debe decidir la carrera que deben seguir las personas descritas. ¿Coinciden las recomendaciones del grupo con las aspiraciones profesionales de las personas?

DESCRIPCION AUTOBIOGRAFICA

Físicamente soy...

_____ moreno	_____ rubio	_____ pelirrojo
_____ alto	_____ bajo	_____ mediano
_____ delgado	_____ gordo	_____ normal
_____ guapísimo	_____ guapo	_____ regular

Mi personalidad es	_____ extrovertida	_____ introvertida
En un grupo, prefiero	_____ hablar	_____ escuchar
Prefiero trabajar	_____ solo	_____ con otros
Prefiero trabajar con	_____ la cabeza	_____ las manos
Prefiero trabajar	_____ de día	_____ noches
Prefiero	_____ dar mandatos	_____ obedecer mandatos
Prefiero	_____ tomar decisiones	_____ implementar decisiones

Mis habilidades:

_____ música   _____ atleta
_____ arte   _____ hablar otros idiomas
_____ escribir   _____ otra: _____

Mis pasatiempos preferidos:

_____ leer   _____ coser
_____ deporte: _____   _____ trabajar en el jardín
_____ cocinar   _____ trabajar con las manos
_____ mirar la televisión   _____ escuchar música
_____ bailar   _____ dormir
_____ comer   _____ tocar música: _____
_____ coleccionar: _____   _____ pintar
_____ viajar   _____ otros: _____

Mi preparación académica: _____ número de años en la universidad
            cursos favoritos: _____
_____

Quiero ganar al año como mínimo: _____

Temas para discutir: La preparación profesional

1. En algunas escuelas, los estudiantes se dividen en grupos, de acuerdo con sus capacidades y habilidades, y siguen un programa planeado para su grupo. ¿Qué ventajas y desventajas tienen estas divisiones? Si Ud. cree que es un buen sistema, ¿a qué edad debe empezar? ¿Qué criterios se deben usar para clasificar a los estudiantes?

2. ¿Qué ventajas y desventajas tienen las escuelas pequeñas? ¿y las escuelas grandes? Sí Ud. fuera niño, ¿qué tipo de escuela preferiría? ¿Por qué? ¿Hay individuos para quienes las escuelas pequeñas sean más apropiadas? Explique. En cuanto a los estudios universitarios, ¿son mejores las universidades grandes o las pequeñas? ¿Por qué?

3. Nombre cinco maneras en que su educación—pasada o actual—lo (la) ha preparado para la vida después de graduarse. ¿Puede nombrar también algunos aspectos de la vida para los que su educación no lo (la) haya preparado bien? Explíquelos. Actualmente, ¿cómo se ayuda al estudiante de la escuela secundaria a elegir una carrera? ¿Cómo se podría mejorar el sistema?

4. Se habla mucho actualmente de pleitos en contra de médicos y abogados por haber ejercido con negligencia su profesión. ¿Cree Ud. que los estudiantes deben tener derecho de entablar pleito (*to sue*) en contra de un maestro o de un profesor si logran graduarse sin poder leer o escribir? ¿en contra de una escuela secundaria? ¿en contra de una universidad? ¿Por qué sí o por qué no?

5. ¿Cree Ud. que se puede juzgar el valor de un maestro o profesor por el progreso de sus estudiantes en un semestre o un año? ¿Por qué sí o por qué no? ¿Qué sistema se usa en su universidad para evaluar a los profesores? ¿Es adecuado este sistema? ¿Cómo lo cambiaría Ud.?

Calles y profesiones

Los señores Carnicer, Zapata y Herrera ejercen las profesiones de carnicero, zapatero y herrero y viven en el paseo de los Carniceros, la calle del Zapato y la avenida Herrería. Pero todos tienen una profesión y una dirección diferentes a su nombre. Sabiendo que el zapatero tiene su casa en el paseo de los Carniceros y que el señor Carnicer es vecino de la calle del Zapato, ¿en qué calle vive y cuál es el trabajo de cada uno de ellos?

6. Hoy en día, ¿qué tipos de becas hay disponibles para los estudiantes universitarios? ¿Son suficientes para costear sus gastos? ¿Qué otros tipos de ayuda financiera son asequibles (*available*)? ¿para quiénes? ¿Debe ser gratis la educación universitaria? ¿para todos? ¿sólo para algunos? Explique. ¿Cree Ud. que la educación secundaria debe ser obligatoria? ¿Por qué sí o por qué no?

7. Mire la tira cómica de la página 176. Para el niño de pelo rubio, ¿qué actividad distingue al ser humano de los otros animales? Para él, ¿es bueno o malo esto? En su opinión, ¿por qué creerá eso el niño? ¿Está Ud. de acuerdo? ¿Por qué sí o por qué no? En el anuncio de la página 175, ¿qué se pide que hagan los hombres profesionales? ¿Qué indica el anuncio sobre lo que el profesional puede ofrecer a la sociedad? Está Ud. de acuerdo? Por qué sí o por qué no?

Situaciones y papeles

A. Entreviste a cinco personas que ya están trabajando en su campo o carrera preferida. Averigüe por qué cada individuo eligió la profesión que ejerce. Luego, con los compañeros de clase, haga una lista de los factores que influyen en la selección de una carrera, poniéndolos en orden de importancia.

B. Escoja un compañero y entrevístelo sobre sus planes profesionales. ¿Qué profesión ha escogido? ¿Por qué? ¿Qué ha hecho ya para alcanzar su meta? ¿Qué tiene que hacer todavía? Luego comparta con la clase lo que ha aprendido sobre su pareja.

C. Con otro estudiante, prepare un breve diálogo sobre una de las siguientes situaciones.

   1. Un estudiante tiene que explicar a su profesor por qué ha faltado a clase.
   2. Un estudiante quiere que su profesor le cambie la nota final del curso.
   3. Un profesor quiere convencer a un estudiante de que se especialice en el campo que él enseña.
   4. Un profesor tiene que explicar a un estudiante por qué no le puede escribir una carta de recomendación.

¡Debate!

Fórmense tres grupos de cuatro o seis estudiantes para debatir los siguientes temas. La mitad de cada grupo debe preparar los argumentos afirmativos, mientras la otra mitad prepara los argumentos negativos. Los otros estudiantes de la clase deben preparar preguntas para hacerlas durante los debates.

AFIRMATIVO	NEGATIVO
1. La competencia y los deportes tienen un efecto *positivo* en los participantes porque ____.	La competencia y los deportes tienen un efecto *negativo* en los participantes porque ____.
2. La universidad debe preparar al estudiante para una carrera determinada porque ____.	La universidad debe darle al estudiante una preparación general (no especializada o profesional) porque ____.
3. Las escuelas sólo para hombres o sólo para mujeres siguen siendo necesarias porque ____.	Las escuelas sólo para hombres o sólo para mujeres son anticuadas porque ____.
4. La graduación en la escuela secundaria debe ser obligatoria para todos porque ____.	La graduación en la escuela secundaria debe ser opcional porque ____.

Composición

1. **El deporte y la política.** Imagine que Ud. vive en el siglo XXII. Se ha cambiado la forma de los Juegos Olímpicos. Ahora, los jugadores compiten como individuos o grupos privados; no representan a las diversas naciones. Cuando los jugadores entran y salen al campo deportivo, no marchan bajo las banderas (*flags*) nacionales, y cuando ganan medallas, se toca la canción temática de los Juegos en vez del himno nacional de su patria. ¿Son mejores los Juegos de esta manera? ¿Por qué sí o por qué no?

2. **El deporte y la universidad.** Imagine que Ud. es profesor en una universidad grande que tiene un excelente equipo de fútbol americano. Ud. tiene en una de sus clases a un muchacho futbolista que casi nunca viene a clase. Cuando viene, nunca está preparado. Un día, después de no asistir a clase durante un mes, el futbolista viene a ver a Ud. y le pide un favor… . Escriba el diálogo que tiene lugar entre Ud. y su estudiante.

3. Las preferencias personales. Complete una de las siguientes oraciones con un párrafo bien desarrollado.

    - Yo prefiero vivir (no vivir) en una residencia mixta con hombres y mujeres porque ____.
    - Si yo pudiera desempeñar cualquier puesto durante una semana, elegiría ____ porque ____.
    - Es necesario (No es necesario) ejercer una profesión para tener una vida feliz porque ____.

Spanish—English Vocabulary

This vocabulary does not include exact or reasonably close cognates of English; also omitted are certain common words well within the mastery of second-year students, such as cardinal numbers, articles, pronouns, possessive adjectives, and so on. Adverbs ending in **-mente** and regular past participles are not included if the root word is found in the vocabulary or is a cognate.

The gender of nouns is given except for masculine nouns ending in **-l**, **-o**, **-n**, **-e**, **-r**, and **-s**, and feminine nouns ending in **-a**, **-d**, **-ión**, or **-z**. Nouns with masculine and feminine variants are listed when the English correspondents are different words (grandmother, grandfather); in most cases (**trabajador, piloto**), however, only the masculine form is given. Adjectives are given only in the masculine singular form. Verbs that are irregular or that have spelling changes are followed by an asterisk. In addition, both stem changes are given for stem-changing verbs.

The following abbreviations are used in this vocabulary:

adj.	adjective	*pl.*	plural
adv.	adverb	*p.p.*	past participle
conj.	conjunction	*prep.*	preposition
f.	feminine	*pron.*	pronoun
inv.	invariable	*sing.*	singular
m.	masculine	*v.*	verb
n.	noun		

A

abaratamiento *n.* cheapening
abeja bee
abierto *p.p.* open
abogado lawyer; **abogado defensor** defense attorney
abolir* to abolish
aborto abortion
abrazar* to embrace, hug
abrelatas *sing.* can opener
abrigo overcoat
abrir* to open
abuela grandmother
abuelo grandfather; *pl.* grandparents
aburrir to bore; **aburrirse** to get bored
acabar to finish; **acabar con** to do away with; **acabar de** + *inf.* to have just + *p.p.*; **acabar por** + *inf.* to end up by + *p.p.*
aceite oil
acerca (de) about, concerning
acercarse* a to approach
acertado correct
aclarar to clarify
acogida welcome, reception
aconsejar to advise
acordarse (ue) de to remember
actriz actress
actual *adj.* current

actuar* to act (*film, drama*)
acuerdo agreement; **de acuerdo con** in accordance with; **estar de acuerdo** to be in agreement; **ponerse de acuerdo** to come to an agreement
acusado defendant
adecuado adequate, correct
además (de) besides, in addition (to)
adivinar to guess
adquirir (ie) to acquire
afabilidad affability, good naturedness
afeitar: máquina de afeitar shaver
afición liking, taste
afilado sharp
agradable agreeable
agradecer* to be thankful for
agradecimiento gratitude
agregar* to add
agresividad aggressiveness
agrícola *inv.* agricultural
agricultor farmer
agrupar to group, assemble
aguantar to endure, put up with
ahijado godson; *pl.* godchildren
ahora now
alabar to praise
albañil bricklayer
alcalde mayor
alcance: a su alcance within one's reach
alcanzar* to reach, attain
alegrar to make happy, gladden
alegre happy
alejarse to withdraw, move away
alemán *n. and adj.* German
Alemania Germany
alfiler pin
algo *pron.* something; *adv.* somewhat
algún (alguno) some, any
alianza alliance
alimentos *pl.* alimony
alma soul
almirante admiral
alojamiento lodging
alquiler rent
alto tall; high
alumno student
allá there; **el más allá** the beyond, the hereafter
allí there

ama de casa *inv.* housekeeper
amante *m./f.* lover
amar to love
ambiente environment
amenaza threat, menace
amenazar* to threaten
amigo friend
amoldarse to conform
amor love
amplio extensive, comprehensive
ampolla blister
añadir to add
anciano old person
andar* to go; to walk
angloparlante *m./f.* English speaker
anglosajón *n. and adj.* Anglo-Saxon
anhídrido: anhídrido sulfúrico sulfur trioxide; **anhídrido sulfuroso** sulfur dioxide
animar to encourage
anoche last night
ansiedad anxiety
ante before, in the face of
antecedentes *pl.* background; (*criminal*) record
antemano: de antemano beforehand
antepasado ancestor
anterior previous
ante *adv.* before
anticipación: con anticipación in advance
anticonceptivo *n.* contraceptive
antiguo old, ancient; former
antipático unpleasant
anunciar* to announce
anuncio advertisement; announcement
año year
aparato machine, device; **aparato eléctrico** appliance
aparecer* to appear
apariencia appearance
apellido last name
aportar to contribute, bring to
apostar (ue) to bet
apoyar to support
apoyo support
aprender to learn
aprendizaje learning
aprobar (ue) to approve
apropiado appropriate
aprovechamiento utilization, development

aprovecharse (de) to take advantage (of)
apuntado pointed out, noted
aquí here
árbol tree
arca chest, coffer
arma weapon; **armas de fuego** firearms; **armas nucleares** nuclear weapons
arquitectónico architectural
arranque starting (*of automobile*)
arreglar to arrange, put in order
arreglo arrangement
arrojar to throw
asaltar to hold up
asalto holdup, robbery
asegurar to make sure, certain
asequible obtainable, available
asesinar to kill, murder
asesinato murder
asesino murderer
asesoría *n.* advising, counseling; training
asfixiado smothered, asphyxiated
así thus, so
asignar to allot, assign
asilo de ancianos old folks' home
asistencia pública welfare (*payments*)
asistir (a) to attend (*a class, etc.*)
aspecto appearance (*physical*); aspect
aspiradora vacuum cleaner
astronave *f.* spaceship
astucia cleverness, shrewdness
asunto matter, affair
ataque al corazón heart attack
ataúd *m.* casket
aterrizado landed
atracar* to hold up; to mug
atraco holdup; mugging
atractivo *n.* attraction; *adj.* attractive
atraer* to attract
atrás *adv.* behind
atrayente attractive
atropellado *adj.* run-over
aumentar to increase
aumento rise, increase; **ir en aumento** to be on the increase

SPANISH—ENGLISH VOCABULARY

aunque although
ausencia absence
autómata *m.* robot
automatización automation
auxiliar de vuelo flight steward
avanzar* to advance
avaro greedy
avergonzado ashamed
averiguar* to find out, ascertain
avión *m.* airplane
avisar to inform; to advise, warn
aviso notice
ayuda help
ayudar to help
azafata flight stewardess
azar chance, luck
azufre sulfur
azul blue

B

bailar to dance
bailarín dancer
baile dance
bajar to lower; to go down
bajo *adj.* short; low; *adv.* under, beneath
baloncesto basketball
bandeja tray
bandera flag
bandido bandit
banquero banker
baño bath; bathroom
barbitúrico barbiturate
barco boat
barrera barrier
barrio neighborhood
basarse (en) to be based (on)
base *f.* basis; **a base de** on the basis of
bastante *adj.* enough
bastar to be enough
basura garbage
basurero garbage collector
batidora beater
beber to drink
bebida drink, beverage
beca scholarship
beliceño *n.* and *adj.* (person) from Belize
belicoso warlike
besar to kiss
bibliotecario librarian
bienes *pl.* goods, possessions; **bienes raíces** real estate
bisabuela great-grandmother
bisabuelo great-grandfather; *pl.* great-grandparents
bisnieta great-granddaughter
bisnieto great-grandson; *pl.* great-grandchildren
blanco white; target
bloqueado blocked up
blusa blouse
boca mouth
bocina *(car)* horn
bofetada slap; **dar una bofetada** to slap
Bolsa stock market
bolsillo pocket
bombero firefighter
bombilla light bulb
bonito pretty
boquilla cigarette holder
borinqueño *n.* and *adj.* Puerto Rican
borrachera drunkenness
borracho *adj.* drunk
bota boot
botella bottle
boticario pharmacist
boxeador boxer
bracero farm worker
breve brief, short
bronquio bronchial tube
bruja witch
brutalidad brutality
buen (bueno) good
bufanda scarf
buho owl
burlarse de to make fun of, ridicule
buscar* to look for
búsqueda search

C

caballero gentleman
caballo horse
caber* to fit
cabeza head
cabildear to lobby
cabildero lobbyist
cabo: al fin y al cabo after all is said and done
cada *inv.* each, every
caer* to fall
cajero teller, cashier
calabaza pumpkin
calculadora calculator
calefacción heat, heating system
calificado qualified
calificar* to rate, rank; to grade
calmante sedative, "downer"
calvo bald
callado quiet
calle *f.* street
cama bed
cámara chamber; **Cámara de Representantes** House of Representatives; **cámara fotográfica** camera
camarero waiter
cambiar to change
cambio change
caminar to walk; to go
caminata hike; **hacer una caminata** to go hiking
camión *m.* truck
camionero truck driver
camisa shirt
camiseta T-shirt
campaña campaign; **tienda de campaña** *(camping)* tent
campesino peasant
campo field; country; countryside; **campo de golf** golf course; **campo deportivo** playing field
canción song
cantante *m./f.* singer
caña *(drinking)* straw; **caña de pescar** fishing rod
capacitado apt, talented
cara face
carbón coal
cárcel *f.* jail
cargo position, post
caribe *n. m./f.* Carib Indian; *adj.* Caribbean
cariño affection
cariñoso affectionate
carnicero butcher
caro expensive
carrera career; race *(athletic)*
carta letter *(correspondence)*
cartero mail carrier
casa house
casado married
casarse (con) to get married (to)
casco helmet
casi almost
castaño brown
castigar* to punish
castigo punishment
casualidad: por casualidad by chance
catalizador catalyst
catarro head cold
causa: a causa de because of
caza *n.* hunting
cementerio cemetery
cenicero ashtray
ceniza ash
censo census
cepillo de dientes toothbrush

cerilla match (*for lighting cigarettes*)
cerrar (ie) to close
cerveza beer
cesto basket
cielo sky; heaven
cierto true; certain
cigarrillo cigarette
cima summit
cinta tape
cirugía surgery
cirujano surgeon
cita date; appointment
citar to cite; to give (*information*)
ciudad city
ciudadano citizen
clave *adj.* key, important
clima *m.* climate
cobarde *m./f.* coward
cobrar to charge (*money*)
cocina kitchen
cocinar to cook
cocinero cook
cóctel cocktail
coche car
cohete rocket
colectivo *adj.* joint; communal
colocar* to place, put
comadre *f.* godmother (*used by godchild's parents*)
comedia play (*theatrical*); comedy
comer to eat
comerciante *m./f.* merchant
comercio business, commerce
cometer to commit (*a crime*)
cómico *n.* comedian; *adj.* funny
comida meal; food
comodidad convenience; comfort
cómodo comfortable
compadecer* to feel sorry for
compadrazgo relation of godparent to godchild's parents
compadre godfather (*used by godchild's parents*); *pl.* godparents
compañero companion; **compañero de clase** classmate; **compañero de cuarto** roommate
compartir to share
compasivo compassionate
competencia competition; competitiveness
completo: por completo completely

comprar to buy
comprender to understand
comprensivo *adj.* understanding
comprometerse (con) to become engaged (to)
comunidad community
conde count (*title*)
condenar to condemn
confianza confidence, trust
confiarse* (de) to trust (in)
congelador freezer
conocer* to know; to be acquainted with
conocido well-known
conocimiento knowledge
conseguir (i, i)* to obtain
consejero counselor
consejo advice
conserje reception desk
conservador *n.* and *adj.* conservative (*political*)
conservar to keep
constipado: estar constipado to have a (head) cold
construir* to build
consumidor consumer
consumo consumption, use
contador accountant
contar (ue) to tell (*a story*)
contestar to answer
contener (ie)* to contain
continuación: a continuación following, below (*in text*)
contorno contour, outline
contra against; **estar en contra (de)** to be against
control de la natalidad birth control
convivencia coexistence; the state of living together
convivir to live together; to share the same life
conyugal matrimonial
copa wineglass; drink (*alcoholic*)
copiadora copying machine
corazón heart; **ataque al corazón** heart attack
corbata tie (*clothing*)
cordillera mountain range
correr *v.* to run, jog; *n.* jogging
corrida de toros bullfight
corriente ordinary
cortacésped *m.* lawnmower
cortadura cut, gash
cortar to cut
corte *f.* court (*of law*)
cosa thing
coser to sew

costarricense *n.* and *adj.* Costa Rican
costear to bear the cost of; to afford
costumbre *f.* custom
crear to create
creencia belief
creer* to believe; to think
creyente *m./f.* believer
crianza upbringing
criar to rear (*children*)
crisol melting pot
criticar* to criticize
cuadro portrait; painting
cualquier (cualquiera) *adj.* any
cualquiera anyone
cuanto: en cuanto a with regard to
cucaracha cockroach
cuenta: tener en cuenta to keep in mind; **darse cuenta (de)** to become aware (of), realize
cuero leather
cuerpo body
cuidado: tener cuidado to be careful
cuidar to take care of
culebra snake
culpa blame; **echar la culpa** to blame
culpabilidad guilt
culpable guilty
culpar to blame
cumpleaños *sing.* birthday
cumplir to fulfill; to complete
cuñada sister-in-law
cuñado brother-in-law
cupón para la comida food stamp
cura *m.* priest
curiosidad curiosity
curso course (*of study*)

CH

chantaje blackmail
charlar to chat
chasco trick, prank
chibcha *m./f.* Indian of assimilated Colombian tribe
chica girl
chico boy
chimpancé chimpanzee
chino *n.* and *adj.* Chinese
chiste joke
chocante *adj.* shocking

chocar* to collide
choque collision

D

dañar to harm
dañino harmful
daño harm
dar* to give; dar una bofetada to slap; dar fuego to give a light; dar una palmada to pat; dar una patada to kick; darle la gana to feel like; darse cuenta de to become aware of, realize
dato fact
deber *v.* to owe; deber + *inf.* to have to, should; deber de + *inf.* should; deberse a to be due to; *n.* duty
débil weak
debilitar to weaken
decir (i)* to tell; to say; es decir that is to say; querer decir to mean
dedo finger; toe
dejar to leave; dejar + *inf.* to let, allow; dejar en paz to leave alone
delante de in front of
delfín dolphin
delgado thin
delito crime
demás *adj.* others, rest
demasiado *adj.* too; too many; *adv.* too
demografía population characteristics
demostrar (ue) to show
dentro de within; in
dependiente clerk
deportar to exile, deport
deporte sport
deportivo *adj.* sports
derecha right (*direction*)
derecho right (*legal*)
derivado derivative
derrame cerebral stroke (*medical*)
derribar to knock down, shoot down; to overthrow
desanimar to discourage
desarrollar to develop
desarrollo development; en vías de desarrollo developing
descalzo barefoot
descansar to rest; to lie (down)

desconcierto bewilderment
desconfianza distrust; tener desconfianza to be uncertain
descongelación unfreezing
desconocido unknown
desconocimiento ignorance
descrito *p.p.* described
descubierto *p.p.* discovered
descubridor discoverer
descubrimiento discovery
descubrir* to discover
desde since, from; desde hace for (*in expressions of time*)
desdén disdain
desdeñar to disdain
desdeñoso scornful
desear to desire, want
desechable disposable
desecho residue, waste
desempeñar to fill (*a role, an office*)
desempleo unemployment
desenchufado unplugged
desesperado desperate
desfalco embezzlement
desfile parade
desinflado deflated; llanta desinflada flat tire
desnudez nudity
despectivo derogatory
despedir (i, i) to fire (*from a job*)
desperdiciar to waste, squander
despertarse (ie) to awaken
despistado lost; disoriented
despreciar to scorn
desprecio scorn, disdain
destino destination
destreza skill
destruir* to destroy
desventaja disadvantage
desviarse* to deviate
detalle detail
detener (ie)* to arrest; to stop, detain
deterioro deterioration
determinado specific
deuda debt
devolver (ue)* to return (*something*)
diablo devil
diario *adj.* daily
dibujo drawing
dictadura dictatorship
dicho *n.* saying, proverb, slogan; *p.p.* said
dichoso happy; lucky
diente tooth; cepillo de dientes toothbrush

difícil difficult
dificultad difficulty
difunto dead person
dignidad dignity
Dinamarca Denmark
dinero money
diplomático diplomat
dirigirse* (a) to make one's way (to); to direct remarks to
discutir to discuss; to argue
diseñar to design
diseño design
disfraz *m.* costume, disguise
disfrazar(se)* to disguise (oneself)
disfrutar to enjoy
disgustado annoyed
disminuir* to diminish
disparar to shoot (*a weapon*)
disponible available
dispuesto *p.p.* disposed; ready
distinto different, distinct
divertirse (ie, i) to enjoy oneself
divorciarse to get divorced
divulgación disclosure
dolor pain, ache
dormir (ue, u) to sleep
driblar to dribble (*in sports*)
droga drug
drogarse to take drugs; to "get high"
ducha shower
dudar to doubt
duende goblin, spirit
dueño owner
dulces *pl.* candy, sweets
durante during, for (*a length of time*)
duro tough; duro de corazón hard-hearted

E

ecuador equator
ecuatoriano *n.* and *adj.* Ecuadorian
echar to toss; to throw out; echar la culpa to blame
edad age; menor de edad minor
edificio building
educativo educational
EEUU U.S.A.
efectuarse* to be carried out, put into effect
eficaz effective
ejemplo example; por ejemplo for example
ejercer* to practice (*a profession*)

ejército army
electricista m./f. electrician
elegir (i, i)* to choose
elevado high (in number)
embajador ambassador
embarazada pregnant
embargo: sin embargo nevertheless, however
embriaguez drunkenness
emocionado excited
empatar to tie (the score)
empezar (ie)* to begin
empleado employee
empleo employment; job
empollón grind, bookworm
empresa company, corporation
en in; on; at; **en contra de** against; **en vez de** instead of
encendido: motor de encendido ignition motor
encima above, on top of
encontrar (ue) to find
encuesta opinion poll, survey
enérgico energetic
enfermarse to get sick
enfermedad illness, sickness
enfermero nurse
enfermo sick
enfisema m. emphysema
enfrente de opposite; in front of
engañar to trick, deceive
enmienda amendment
enojado angry
enseñar to teach
ensuciar to dirty
entablar pleito to file suit (legal)
entender (ie) to understand
entendimiento n. understanding
enterarse to find out
entero adj. entire, whole
enterrar (ie) to bury
entierro burial
entrada entrance
entrar to enter
entre between, among
entrevista interview
entrevistador interviewer
entrevistar to interview
envenenamiento poisoning
enviciado addict
envidia envy
época era, epoch
equilibrio balance; «**frenos y equilibrios**» checks and balances

equipo team; equipment
erróneo incorrect
escalofríos: tener escalofríos to shiver, have chills
escena scene
escocés n. Scot; adj. Scotch
Escocia Scotland
escoger* to choose
escribir* to write
escritor writer
escroto scrotum
escuchar to listen (to)
escuela school
esfuerzo effort
espacio space
espalda back (of body)
espantapájaros sing. scarecrow
español n. and adj. Spanish; **de habla española** Spanish-speaking
esperar to hope, wish; to wait (for)
espionaje spying, espionage; **espionaje electrónico** "bugging," wiretapping
espíritu m. spirit
esposa spouse; wife; pl. wives; handcuffs
esposo spouse; husband
esqueleto skeleton
establecer* to establish
establecimiento establishment
estación season
estacionado parked
estado state, condition; state (political); **jefe de estado** chief of state
estadounidense of or pertaining to the U.S.A.
estafa fraud
estafador swindler
estar* to be; **estar a favor de** to be in favor of; **estar casado con** to be married to; **estar de luto** to be in mourning; **estar de moda** to be in style; **estar en contra de** to be against
estatal adj. state
estibador longshoreman
estimar to regard highly
estimulante stimulant, "upper"
estrechar to tighten; to take in (clothing)
estrecho narrow; tight
estrella star
etapa step, stage
evitar to avoid
evolucionado evolved

excluir* to exclude
exigir* to require
exonerar to pardon, exonerate
experimentar to experience; to experiment
explicación explanation
explicar* to explain
explosión demográfica population explosion
expropiado taken over, commandeered
extranjero n. abroad; adj. foreign
extraño stranger

F

fábrica factory
fabricante m./f. manufacturer
fabricar* to manufacture
fácil easy
facilidad talent, facility, ease
falda skirt
falsificación forgery
falta lack; **hacer falta** to be lacking, needed
faltar to be lacking; to be absent; **faltar al respeto** to be rude
fallecer* to die
fallo verdict, judgment
familiar familial, of the family; well-known, familiar
fantasma m. ghost
felicidad happiness
felicitaciones congratulations
feliz happy
feroz ferocious
festivo: día (m.) **festivo** holiday
fidelidad faithfulness
fiesta party, celebration; holiday
figurar to appear; to form part of
fin end; **al fin y al cabo** when all is said and done; **con este fin** with this purpose; **por fin** finally
final end
financiero financial
finlandés n. and adj. Finnish
firmante m./f. signer
fiscal prosecuting attorney
fomentar to foster, encourage
fontanero plumber

formulario form (*for filling out*)
fósforo match (*for lighting cigarettes*)
fracasar to fail
francés *n.* and *adj.* French
frase *f.* phrase; sentence
freno brake; «**frenos y equilibrios**» checks and balances
frente a *prep.* opposite, facing
frío de corazón cold-hearted
frontera border
fuego fire; **armas de fuego** firearms; **dar fuego** to give a light
fuerte strong
fuerza force
fumador smoker
fumar to smoke
fundador founder
fundar to found
fusilado *adj.* shot
fútbol soccer; **fútbol americano** football
futbolista *m./f.* soccer (football) player

G

gabinete cabinet
gafas *f.* (**de sol**) (sun)glasses
gama gamut, range
gana: darle la gana to feel like
ganadería livestock; cattle raising
ganar to win; to earn
garantizar* to guarantee
garganta throat
garrote club, stick
gaseosa soda
gastar to spend (*money*)
gasto cost; *pl.* expenses
gato cat
gemelo *n.* twin
género gender
gente *f.* people
gentil kind, pleasant; charming
gerencia management
gerente *m./f.* manager
gimnasia gymnastics
gimnasta *m./f.* gymnast
ginebra gin
gobernador governor
gobernar (ie) to govern
gobierno government
golpe hit, blow
golpear to hit
goma rubber

gordo fat
gorro cap (*clothing*)
gozar* de to enjoy
grabación recording
grabadora tape recorder
gracioso funny
grado degree (*of comparison, measurement*)
gran, grande great; large
granjero farmer, rancher
gratis *inv.* free
grato agreeable, pleasant
grave serious
gravedad gravity, seriousness
griego *n.* and *adj.* Greek
gripe *f.* flu; cold
gritar to scream; to yell
guante glove
guapo handsome
guatemalteco *n.* and *adj.* Guatemalan
guerra war
guerrero *adj.* war
guerrillero *n.* and *adj.* guerilla
guía *m./f.* guide
gustar to be pleasing
gusto taste; flavor

H

haber* *auxiliary v.* to be
habilidad ability
habitación room
habla speech; **de habla española** Spanish-speaking
hablar to speak; to talk
hacer* to do; to make; **hacer una caminata** to go hiking; **hacer camping** to go camping; **hacer daño** to do harm; **hacer falta** to be lacking; **hacer el papel** to play the role; **hacer preguntas** to ask questions; **hacer trampas** to cheat; **hacer un viaje** to take a trip; **hacer una visita** to pay a visit; **hacerse** to become
hacia toward
hachís *sing.* hashish
haitiano *n.* and *adj.* Haitian
hambre *f.* hunger
hampa criminal world, underworld
harto fed up
hay (*from* **haber**) there is, there are

hecho *p.p.* made
heladora freezer
heredar to inherit
heredero heir, beneficiary of a will
herencia heritage
herida wound
herirse (ie, i) to wound oneself
hermana sister
hermano brother; *pl.* siblings
herrero blacksmith; ironworker
hierro iron (*mineral*)
hija daughter
hijastra step-daughter
hijastro stepson; *pl.* stepchildren
hijo son; *pl.* children
himno hymn
hinchado swollen
hispano *n.* and *adj.* Hispanic
hispanohablante Spanish-speaking
historia history; story
hogar home
holandés *n.* and *adj.* Dutch
holgazanería loafing
hollín soot
hombre man; **hombre de negocios** businessman
hondureño *n.* and *adj.* Honduran
honradez honesty
hora hour; time
horario schedule
horno oven
hoy today; **hoy (en) día** nowadays
huelga strike (*labor*)
hueso bone
huevo egg
humano: ser humano human being
humedad humidity
húmedo humid
hundir(se) to sink

I

idioma *m.* language
iglesia church
igual equal
igualdad equality
impermeable raincoat
imponer* to impose
importar to matter
impresora printer
impuesto tax; **impuesto sobre la renta** income tax
incluir* to include
inclusive including

incomprensivo insensitive
indemnización compensation
indemnizar* to compensate
índice sign; rate
indígena *inv.* indigenous, native
infantil childish
infarto heart attack
influir* to influence; **influir en** to have an effect on
informe report
ingeniería engineering
ingeniero engineer
ingerir (ie, i) to ingest; to swallow
Inglaterra England
inglés *n.* and *adj.* English
ingresos income, earnings
inmigrante *m./f.* immigrant
inmigrar to immigrate
inolvidable unforgettable
insatisfecho unsatisfied
inseguro unsure; **inseguro de sí** unsure of oneself
insoportable insufferable
insuperable insurmountable
intentar to attempt, try
intento attempt
intercambio exchange; sharing
intervenir (ie, i)* to take part in; to intervene
invento invention
inversión investment
investigación research; investigation
invierno winter
invitado guest
ir* to go; **ir de camping** to go camping; **ir de juerga** to go on a spree; **ir en aumento** to be on the increase
irlandés *n.* and *adj.* Irish
isla island
izquierda left (*direction*)

J

jabón soap
jardín garden
jefe boss; **jefe de estado** chief of state
jerga slang
joven young
jubilación retirement
jubilarse to retire (*from one's job*)
juego game; **juegos de azar** gambling
juerga: ir de juerga to go on a spree

juez *m./f.* judge
jugador player, athlete
jugar (ue)* (a) to play (*a sport*)
juguete toy
junta board (of directors); military group that takes over a country
jurado jury; juror
jurídico judicial
justo right, fair
juventud youth (*as a group*)
juzgar* to judge

L

labio lip
lacio straight (*hair*)
lado side; **al lado de** next to; **por otro lado** on the other hand
ladrón thief
lago lake
lápida tombstone
largo long; **a lo largo de** throughout
lata tin can
lavado *n.* washing
lavadora washing machine
lavar to wash
leer* to read
lejos *adv.* far
lengua language
lenguaje language
león lion
lesión injury, wound, lesion
letra letter (*of alphabet*)
letrero sign, poster
leve *adj.* light
ley *f.* law
libertad liberty, freedom
libre free; **lucha libre** wrestling
libro book
licuadora blender
ligar* to flirt; to pick (someone) up
limpiador cleaner, cleaning fluid
limpieza cleanliness
línea line; **línea de asamblea** assembly line
lío messy situation; quarrel (*colloquial*)
listo ready
locura insanity
lograr to achieve; to obtain
lucha fight; **lucha libre** wrestling
luchar to fight
luego then

lugar place; **en lugar de** in place of; **tener lugar** to take place
lujo luxury
luto mourning; **estar de luto** to be in mourning

LL

llamada call
llamar to call; **llamarse** to be called, named
llano *adj.* flat (*terrain*)
llanta tire
llegar* to arrive
lleno: de lleno entirely, completely
llevar to take, carry; to wear; **llevar puesto** to be wearing, have on; **llevarse** to take away

M

machista *inv.* having an exaggerated sense of masculinity
madera wood
madre *f.* mother
madrina godmother
madurez maturity
maestro teacher
magnetofón tape recorder
mal (malo) *adj.* bad; **mal** *adv.* badly
¡maldición! curses!
maletero porter
maltratar to mistreat
mandamiento commandment
mandar to send; to order
mandato order, command
mandón bossy
manejar to drive
manifestación demonstration (*political*)
manifiesto manifesto, public declaration
mano *f.* hand; **mano de obra** work force
manta blanket
mantener (ie)* to support; to maintain; to keep
mañana tomorrow
máquina machine; **máquina de afeitar** shaver; **máquina de coser** sewing machine; **máquina de escribir** typewriter
mar sea
marca brand
marido husband
marinero sailor

más *adv.* more; plus (*with grades*); **el más allá** the hereafter, the beyond
masa: producción en masa mass production
masculinidad masculinity
masticar* to chew
matamoscas *sing.* flyswatter
matar to kill
matrícula registration; tuition; **número de matrícula** (*car*) license plate number
matrimonio marriage; married couple
mayor greater; older
mayordomo butler
mayoría majority
mayoritario pertaining to the majority
mecanógrafo stenotypist
mechero (*cigarette*) lighter
medalla medal
mediano average
medicamento medicine
médico *n.* doctor; *adj.* medical
medida measurement; *pl.* measures; **a medida que** at the same time as
medio *n.* means; medium (*of communication*); **por medio de** by means of; *adj.* and *adv.* half; middle; average; **clase** (*f.*) **media** middle class; **Medio Oriente** Middle East
mejor better; best
mejorar to improve
mellizo twin
menor smaller; younger; less
menos less; least; fewer; **a menos que** unless; **más o menos** more or less; **por lo menos** at least
mensaje message
mentir (ie, i) to lie
merecer* to deserve
mes month
meta goal
metro subway
mezclar to mix
miedo: tener miedo (de, a) to be afraid (of)
miedoso timid
miembro member
mientras (que) while
migratorio migrant
mimar to spoil
minería mining
minoritario pertaining to a minority

minusválido handicapped person
mirar to look (at); to watch
misionero missionary
mismo same; oneself
mitad *n.* half
mito myth
mixto mixed
mochila knapsack, backpack
moda style; **estar de moda** to be in style
modales manners
modo manner, way
mojado *n.* wetback; *adj.* wet
molestar to bother
momia mummy
monja nun
monocomponente *adj.* single-component
montañoso mountainous
montar to set up
moralidad morality
morder (ue) to bite
mordida bribe (*slang*)
moreno dark (*complexion, hair*)
morir (ue, u)* to die
mortalidad mortality
mostrar (ue) to show
motor de arranque starting motor
muchacho boy
mucho a lot; *pl.* many; **por mucho que** however much
mudarse to move (*residence*)
mueble piece of furniture
muelle pier, wharf
muerte *f.* death
muerto *n.* dead person; *p.p.* dead
mujer *f.* woman; wife; **mujer + profession** female (*lawyer, etc.*)
multa *n.* fine
multar to fine
mundial *adj.* world
mundo *n.* world
muñeca doll
murciélago bat (*animal*)

N

nacer* to be born
nacimiento birth
nacionalidad nationality
nada nothing; **no tener nada que ver con** to have nothing to do with
nadar to swim
narrar to narrate; to tell
natación swimming
natalidad: control de la natalidad birth control; **índice de la natalidad** birth rate
naturaleza nature
náufrago shipwrecked person
necesidad necessity
necesitar to need
necrología obituary
negarse (ie)* to refuse
negocio business
neoyorquino New Yorker
nevera refrigerator
ni siquiera not even
nicaragüense *n.* and *adj.* Nicaraguan
nieta granddaughter
nieto grandson; *pl.* grandchildren
nieve *f.* snow
niña girl
niño boy; *pl.* children; **de niño** as a child
nitidez sharpness, clarity
nivel level
noche *f.* night; **esta noche** tonight
nombrar to name; to mention
nombre (*first*) name
nórdico *adj.* Nordic, Scandinavian
norma standard, norm
normal usual
Noruega Norway
noruego *n.* and *adj.* Norwegian
nota grade (*in a course*)
notar to notice; to note
novia girl friend, fiancée
noviazgo engagement
novio boyfriend, fiancé
nuera daughter-in-law
nuevo new
número size (*shoes*); number

O

obedecer* to obey
obra: mano de obra work force
obrero worker; **obrero migratorio** migrant worker
obtener (ie)* to obtain, get
occidental western
odiar to hate
odio hate
oeste west
oferta offer
oficinista *m./f.* office worker
oficio job, trade
ofrecer* to offer

oír* to hear
ojo eye; **¡Ojo!** Look out! Careful!
olor smell
olvidar to forget
opinar to think
oponerse* to be opposed
oportunidad opportunity
oración sentence
orden order (*systematic*)
ordenar to order; to put in order
orgulloso proud
oriente east; **Medio Oriente** Middle East
oso bear
otoño autumn
otro other; **otra vez** again; **por otro lado** on the other hand

P

pacífico peaceful
padecer* to suffer from
padre father; *pl.* parents
padrino godfather; *pl.* godparents
pagar* to pay (for); **pagar alimentos** to pay alimony; **pagar a plazos** to pay in installments
página page
pago payment
país country
paja (*drinking*) straw
pala shovel
palabra word
palmada pat; **dar una palmada** to pat
panadero baker
panameño *n.* and *adj.* Panamanian
pantalones trousers, pants; **pantalones cortos** shorts
papel paper; role; **hacer el papel** to play the role
paquete pack
par pair
para *prep.* for; in order to; on behalf of; to; **para que** *conj.* in order that
parado unemployed
parar to stop
parecer* to seem; **al parecer** apparently; **parecerse a** to resemble
parecido similar
pareja couple; partner
parentesco relationship (*blood*)

pariente relative
parte *f.* part; **por parte de** on behalf of
particular private; particular
partidario constituent
pasado *n.* past; *adj.* last (*in time*)
pasar to pass; to happen
pasatiempo pastime
pasividad passivity
pastor priest, pastor
patada kick; **dar una patada** to kick
patinar to skate
patín skate
patria country, native land
patrocinar to sponsor
patrocinio sponsorship
patrón boss, owner
paz peace; **dejar en paz** to leave alone
pedalear to pedal
pedir (i, i) to request, ask for; to order (*in a restaurant*)
pegar* to hit
pelea fight
película film, movie
peligroso dangerous
pelirrojo redheaded
pelo hair
pelota ball
peluquero hairdresser
pena de muerte capital punishment, death penalty
pensar (ie) to think
pensión de retiro retirement pension
peor worse; worst
pequeño small
perder (ie) to lose
periódico newspaper
periodista *m./f.* journalist
periodístico journalistic
perjudicar* to damage; to prejudice
permanecer* to remain
perro dog
personaje character (*in a literary work*)
personal personnel
personalidad personality
pertenecer* to belong
peruano *n.* and *adj.* Peruvian
pesado heavy
pesar: a pesar de in spite of
pesca fishing
pescar* to fish; **caña de pescar** fishing pole
peseta *monetary unit of Spain*
peso weight

picadura sting
picar* to prick; to sting; to itch
pie foot
piedra rock
piel *f.* skin
pinchazo prick; stab
pintar to paint
pintor painter
pipa pipe (*smoking*)
piropo loud compliment on a woman's physical appearance
pisar to step on
piso floor (*of building*)
pista clue, trace
pitillo (*slang*) cigarette
pizarra chalkboard
planear to plan
plastilina modeling clay
plato dish; plate
playa beach
plaza town square
plazo period of time; **pagar a plazos** to pay in installments
pleito* lawsuit; **entablar pleito en contra de** to file suit against
población population
pobre poor; pitiful
pobreza poverty
poco *adj.* and *adv.* little; *pl.* few; **poco común** rare, unusual
poder *v.* to be able; *n.* power
poderoso powerful
política politics; course of action; policy
político *n.* politician; *adj.* political
polvo powder
pollo chicken
ponche punch (*drink*)
poner* to put, place; **ponerse de acuerdo** to come to agreement
por by; through; for; along; because of; in place of; **por casualidad** by chance; **por ciento** percent; **por completo** completely; **por ejemplo** for example; **por eso** therefore; **por fin** finally; **por lo general** in general; **por lo menos** at least; **por medio de** by means of; **por mucho que** however much; **por otro lado** on the other hand; **por parte de** on the

part of, on behalf of
porcelana china
porcentaje percentage
portátil portable
portería goal area (*sports*)
porvenir future
poseer* to possess
posibilidad possibility
postularse to run for office
postura position (*on an issue*)
precio price
pregunta question; **hacer una pregunta** to ask a question
preguntar to ask (*a question*)
prejuicio prejudice
premiar to reward
premio reward
prensa press (*journalism*)
preocupado worried
preocuparse por to be preoccupied with, worried about
preparación preparation; (*academic*) background
presenciar* to witness
préstamo loan
prestar to lend
presupuesto budget
pretendido *adj.* supposed
prevenir (ie, i)* to prevent
primavera spring (*season*)
primer (primero) first
primo cousin
principio beginning; **a principios de** at the beginning of
prioridad priority
privado private
privar to deprive
probar (ue) to try
probeta test tube
procurar to endeavor, strive
producción en masa mass production
profanación desecration
prometer to promise
promulgar* to pass (*a law*)
pronto soon
propaganda advertising
propiedad property
propio own
proponer* to propose
proporcionar to give
propósito purpose
propuesta proposal
propuesto *p.p.* proposed
proscribir* to forbid
prostituirse* to prostitute or debase oneself
protector protective

proteger* to protect
proveer* to provide
provenir (ie)* to come from
próximo next; upcoming
proyectar to plan
publicidad publicity
publicitario *adj.* publicity
pueblo village, town
puente bridge
pueril juvenile, childish
puerta door; gate
pues *adv.* well, then
puesto *n.* job, position; *p.p.* put, placed
pulmón lung
punta point (*of an object*)
punto point; **a punto** to the point; **punto de vista** point of view

Q

quechua Quechua (*Indian tribe and language*)
quedar to remain; to be situated; **quedarse** to stay
quehacer task, chore
quejarse (de) to complain (of)
querellante *m./f.* plaintiff
querer (ie)* to want; to love; **querer decir** to mean
querido *n.* loved one; *adj.* dear
química chemistry
químico chemical; chemist
quitar to remove, take away
quitasol parasol

R

radioyente *m./f.* radio listener
raíces: bienes (*pl.*) **raíces** real estate
rama branch
rapé snuff
rascar* to scrape; to scratch
rasguño scratch
ratería petty larceny; **ratería de tiendas** shoplifting
ratero de tiendas shoplifter
raza race (*ethnic*)
razón *f.* reason
realidad reality
realizar* to achieve, accomplish
receta prescription; recipe
recibir to receive; **recibirse de** to graduate as

reciente recent; **recién** + *p.p.* recently (*arrived, married, etc.*)
reclamar to claim; to demand
reconocer* to recognize; to acknowledge
recordar (ue) to remember
rector president (*of a university*)
recuerdo memory; remembrance
recuperar to recover
recurso resource
rechazar* to reject
rechazo rejection
red net; network
reemplazar* to replace
reflejar to reflect
refrán proverb, saying
refresco soda
regalar to give (*a gift*)
regalo gift
registrar to search
registro search
regla rule
regresar to return
regular average, ordinary
rehacer* to redo, remodel; to do over again
reina queen
relacionarse to be related
remediar to remedy; to fix
renta: impuesto sobre la renta income tax
reñir (i, i) to argue; to scold
repartición division
requerir (ie, i) to require
requisito requirement
resaca hangover
resfriado *n.* cold (*illness*)
residencia dormitory
respecto: con respecto a with regard to
respetar to respect
respeto respect
responsabilidad responsibility
respuesta answer, response
restos remains
resucitar to resurrect
resultado result
retiro: pensión de retiro retirement pension
retrato portrait
reunirse to get together
revalorar to reevaluate
revés: al revés in opposite order; conversely
revista magazine
rey *m.* king
rezar* to pray; to say, read (*colloquial*)

rezo prayer
rico rich
río river
rivalidad rivalry
rizado curly (*hair*)
robo robbery
rompecabezas *sing.* puzzle
romper* to break
ron rum
ropa *sing.* clothes
rubio blond
ruso *n. and adj.* Russian

S

saber* to know
sacacorchos *sing.* corkscrew
sacapuntas *sing.* pencil sharpener
sacar* to find out; to get, take out; **sacar una foto** to take a photo
sacerdote priest
sala room
salida exit
salir* to leave; to go out
salón drawing room, salon
saltar to jump
salud health; **salud pública** public health
salvadoreño *n. and adj.* Salvadoran
salvar to save
sangre *f.* blood
sano healthy
santo: todo el santo día the whole blessed day
sastre tailor
saturante *adj.* saturant, saturating
sea: o sea that is
secador hair dryer
secadora clothes dryer
seco dry
secuestrado kidnapped
secundaria: escuela secundaria high school
seguida: en seguida at once, immediately
seguir (i, i)* to follow
según according to, depending on
segundo *n. and adj.* second
seguridad safety, security
seguro *n.* security; insurance; *adj.* safe; secure; certain; **seguro de sí** sure of oneself
seleccionar to select
selva jungle

semana week
semejante similar
semejanza similarity
senado senate
sencillo single (*room*)
sentarse (ie) to sit down
sentencia sentence (*criminal*)
sentido sense
sentimiento feeling
sentir (ie, i) to feel
señal *f.* sign; mark
señalar to indicate
sepultar to bury
ser* *v.* to be; *n.* being; **ser humano** human being
serie *f.* series
serio serious
sí yes; oneself; **seguro de sí** sure of oneself
siglo century
significado significance, meaning
significar* to mean
siguiente *adv.* following
silla chair
simpático pleasant
sin without; **sin embargo** nevertheless, however; **sin empleo** unemployed
sindicalista *m./f.* union member
sindicato (*labor*) union
sino but; but rather
siquiera: ni siquiera not even
sitio spot, place
sobornador briber
sobornar to bribe
soborno bribe
sobre about; on; above
sobredosis *f.* overdose
sobrevivir to survive
sobrina niece
sobrino nephew; *pl.* nieces and nephews
socio member
solamente *adv.* only
soldado soldier
soler (ue) + *inf.* to be in the habit (*of doing something*)
solicitud application
solo *adj.* single; alone
sólo *adv.* only
soltero single, unmarried
solucionarse to be solved
sombrero hat
someter to submit
sonar (ue) to ring; to sound (*horn*)
sonido sound
sorprendido surprised

sostener (ie)* to support
subdesarrollado underdeveloped
subir to climb
sucursal branch, subsidiary
Suecia Sweden
sueco *n. and adj.* Swedish
suegra mother-in-law
suegro father-in-law; *pl.* in-laws
sueldo salary
sueño dream
sufrir to suffer (*the effects of*)
sugerir (ie, i) to suggest
Suiza Switzerland
suizo *n. and adj.* Swiss
superioridad superiority
supletorio supplementary
suponer* to suppose
sur south
sustantivo noun

T

tacaño stingy
taíno Indian of extinct West Indies tribe
tal *adj.* such, such a; **tal vez** perhaps
talla size (*clothing*)
tamaño size
tambor drum
tampoco neither, not either
tan so
tanto *adj. and adv.* so much; *pl.* so many; **tanto como** as much as
tapar to cover (*up*); to conceal
tapas hors d'oeuvres
taquigrafía shorthand
tarea task; homework
tarjeta card
tasa rate
tatarabuelo great-great-grandfather; *pl.* great-great-grandparents
tebeo comic book
técnica technique
tela cloth
televisión television (*programs*)
televisor television set
tema *m.* theme
temer to fear
temerario reckless
temeroso timid
tener (ie)* to have; **tener (des)confianza** to be (uncertain) confident; **tener en cuenta** to keep in

mind; **tener éxito** to be successful; **tener fama** to be famous; **tener lugar** to take place; **tener miedo** to be afraid; **tener que** + *inf.* to have to (*do something*); **tener que ver con** to have to do with
tercer (tercero) third
terrenal earthly
testamento will (*legal*)
testigo witness
texto, libro de texto textbook
tía aunt
tiempo time
tienda store; **ratería de tiendas** shoplifting; **ratero de tiendas** shoplifter; **tienda de campaña** (*camping*) tent
tierra land, earth
timbre doorbell
tinto: vino tinto red wine
tío uncle; *pl.* aunts and uncles
tipo guy; type
tira cómica cartoon strip
tirar to throw (*away, out*)
tiro *n.* shot (*from weapon*)
tocar* to play (*musical instrument*); to touch; **tocarle a uno** to be one's turn
todavía still
todo *n.* everything; *pl.* everyone; *adj.* all; whole; **sobre todo** above all
tomar to take; to drink; **tomar decisiones** to make decisions
tontamente foolishly
tontería silliness
tornero lathe operator
toro bull
tortuga turtle
toxicomanía drug addiction
toxicómano drug addict
trabajador worker
trabajar to work
trabajo job
traer* to bring
traficante *m./f.* **de drogas** drug dealer
traje suit; **traje de baño** swimming suit

trampa trick, fraud; **hacer trampas** to cheat
tránsito transition; traffic
transporte transportation
trasladar to move
traslado move, transfer
trastorno disorder; complication (*medical*)
tratamiento treatment
tratar to treat; **tratar de** + *inf.* to try to (*do something*)
tribunal court
triste sad
tropas troops
truco trick
tubo tube; **tubo de snorkel** snorkel mask
tumba tomb

U

último recent; last
único only
universitario *adj.* university
urbanista *m./f.* city planner
útil useful

V

vaca cow
vacío empty
valentía courage
valor value
vaquero cowboy
varicela chicken pox
varios several; various
vecino *n.* neighbor; *adj.* neighboring
vejez old age
vela candle
velar to watch over
velorio vigil for the dead; wake
venda bandage
vendaje bandages, dressing
vendedor salesman
vender to sell
veneno poison
venezolano *n.* and *adj.* Venezuelan
venir (ie)* to come
venta sale
ventaja advantage
ver* to see; **tener que ver con** to have to do with

verano summer
veras: de veras truly, really
verdadero true, real
vestido dress
vestir(se) (i, i) to (get) dress(ed)
vez time; **a la vez** at the same time; **a veces** sometimes; **alguna vez** once; **en vez de** instead of; **otra vez** again
vía: en vías de desarrollo developing
viajar to travel
viaje trip; **hacer un viaje** to take a trip
viajero traveler
vicio vice
vida life
viejo old
vino wine; **vino tinto** red wine
violación violation; rape
violar to violate; to rape
visitante *m./f.* visitor
vista: punto de vista point of view
viudo widower
vivienda dwelling; housing
vivir to live
vivo living
volar (ue) to fly
voluntad will; wish
volver (ue)* to return; **volver a** + *inf.* to do (*something*) again
votante *m./f.* voter
vuelo flight; **auxiliar de vuelo** flight steward
vuelta return

Y

ya already; now; **ya no** no longer; **ya que** since
yacer* to lie (*in rest*)
yerno son-in-law

Z

zapatero shoemaker
zapatilla slipper
zapato shoe
zona area

(*Continued from page ii*)

25 Sony; appeared in *Cambio 16*, Madrid, July 7, 1986;   **28** A. Mingote;   **33**, **36** © Quino. All rights reserved;   **38**, **39** *Somos*, no. 488, Editorial Atlántida, S.A., Buenos Aires, May 21, 1986;   **40** *Carola*, Editorial Antártica, S.A., Sept. 9, 1985;   **42** Coco/Interstampa;   **43** *Cambio 16*, Madrid;   **51** *Ser padres*, Madrid;   **55** *Cambio 16*, Madrid, Oct. 29, 1978;   **57** *Cambio 16*, Madrid, Oct. 12, 1980;   **58**, **59** © Quino. All rights reserved;   **65** *Hoy*, no. 372, Madrid, Sept. 3–9, 1984;   **67** (*upper*) *Cambio 16*, Madrid;   **70** (*upper and lower*) © Quino. All rights reserved;   **72** Jaime Perich Escala, *1975: El año del ¡ay, ay, ay!*, Ediciones Sedmay, S.A., Madrid, 1976;   **73**, **74** © Quino. All rights reserved;   **80** Jaime Perich Escala, *1975: El año del ¡ay, ay, ay!*;   **82** Ministerio de Cultura, Madrid;   **87** *Lecturas*, Barcelona;   **95** Jaime Perich Escala, *Las noticias del 5° canal*, Editorial Planeta, Barcelona, 1977;   **98** *Cambio 16*, Madrid, Dec. 16, 1979;   **99** © Quino. All rights reserved;   **100** Jaime Perich Escala, *Las noticias del 5° canal*;   **101** BDF Nivea, S.A.;   **107** © Quino. All rights reserved;   **111** *Gente y la actualidad*, Buenos Aires;   **115** Jaime Perich Escala, *Las noticias del 5° canal*;   **117** © Quino. All rights reserved;   **126** International House of Pancakes; Franchise Management Systems; *Diario Las Americas*, Miami, May 9, 1982;   **130** © Rogelio Naranjo; from Jerry Robinson, ed., *The 1970's: Best Political Cartoons of the Decade*, McGraw-Hill, New York, 1981;   **137** *Sociedad/Familia*, Madrid;   **138** © King Features Syndicate, Inc., 1979;   **142** *Somos*, Editorial Atlántida, S.A., Buenos Aires, Jan. 29, 1986;   **144**, **145** *Cambio 16*, Madrid, Aug. 15, 1983;   **155** Robert Bosch Sales Corp.;   **157** *Semana*, no. 2.152, Madrid, May 16, 1981;   **158** Chumy Chumez, *El libro de cabecera*, Ediciones Sedmay, S.A., Madrid, 1975;   **162** Jaime Perich Escala, *Las noticias del 5° canal*;   **167** A. Mingote;   **168** Chumy Chumez, *El libro de cabecera*;   **169** *Cambio 16*, Madrid, May 11, 1980;   **170**, **173** © Quino. All rights reserved;   **175** Ministerio de Sanidad y Seguridad Social, Madrid;   **176** © Quino. All rights reserved;   **178** *Muy interesante*, Madrid

About the Authors

Mary Lee Bretz is Associate Professor of Spanish at Rutgers University, where she teaches undergraduate and graduate courses in Spanish language and literature. Professor Bretz received her Ph.D. in Spanish from the University of Maryland in 1973. She has published several books and numerous articles on Spanish literature.

Trisha Dvorak is Director of the Language Laboratory at the University of Michigan. She has coordinated elementary language programs in Spanish and taught courses in Spanish language and foreign language methodology. She is a certified Oral Proficiency Trainer in Spanish. Professor Dvorak received her Ph.D. in Applied Linguistics from the University of Texas at Austin in 1977. She has published articles on aspects of foreign language learning and foreign language teaching.

Carl Kirschner is Associate Professor of Spanish at Rutgers University, where he teaches courses in linguistics, applied Spanish linguistics, and second language acquisition. Professor Kirschner received his Ph.D. in Spanish Linguistics from the University of Massachusetts in 1976. He has published a book on Spanish semantics and articles on Spanish linguistics.